Henning Niemann

Begleitpflanzen im ökologischen Getreidebau

- Regulieren oder Kultivieren?

Recycling Papier – ein Beitrag zum aktiven Umweltschutz

Die Stiftung Ökologie & Landbau (SÖL) druckt ihre Publikationen seit 1979 auf grauem Recyclingpapier. Zur Verbesserung der Lesequalität ist dieses Buch auf einem hellen Recyclingpapier gedruckt, das aus Schnittabfällen hergestellt worden ist. Seit Gründung der Stiftung (1961) bemüht sich die SÖL, ihre Schriften so umweltfreundlich wie möglich zu produzieren und zu verpacken.

HENNING NIEMANN, Jahrgang 1966, absolvierte nach dem Abitur eine landwirtschaftliche Lehre und führte anschließend fünf Jahre den Ackerbau auf dem elterlichen Betrieb bei Burgdorf, Niedersachsen. Während seines Studiums an der Gesamthochschule Kassel Witzenhausen, war er maßgeblich am Umbau des Fachbereiches zr Ausschließlichen Ausbildung für den Ökologischen Landbau beteiligt.

Weiterhin hat er dort im Institut für soziokulturelle Studien an der Fortbildung von Hochschullehrern mitgewirkt und ein Umstellungskonzept im Auftrage eines landwirtschaftlichen Planungs- und Beratungsbüro entworfen. Im Anschluß des Studiums arbeitete Henning Niemann als Bioland-Betriebsleiter der Domäne Dahlem, Landgut und Museum in Berlin. Seit Oktober 1997 leitet er das Sächsische Öko-Prüfsiegel, das erste staatliche Herkunftszeichen für Öko-Lebensmittel in Deutschland.

Ökologische Konzepte 93
(vormals Alternative Konzepte)

Buchreihe der
Stiftung Ökologie & Landbau
Bad Dürkheim

Henning Niemann

Begleitpflanzen im ökologischen Getreidebau

- Regulieren oder Kultivieren

2. unveränderte Auflage

Stiftung Ökologie & Landbau

Alle in diesem Buch enthaltenen Angaben, Daten, Ergebnisse usw. wurden von den Autoren nach bestem Wissen erstellt und von ihnen sowie der Stiftung Ökologie und Landbau mit größtmöglicher Sorgfalt überprüft. Dennoch sind inhaltliche Fehler nicht völlig auszuschließen. Daher erfolgen die Angaben usw. ohne jegliche Verpflichtung oder Garantie des Verlages oder der Autoren. Beide übernehmen deshalb keinerlei Verantwortung für etwa vorhandene inhaltliche Unrichtigkeiten.
Die Autoren sind für ihre Beiträge selbst verantwortlich, ihre Meinung entspricht nicht immer der Ansicht der Herausgeber.

Die Deutsche Bibliothek - CIP-Einheitsaufnahme

Niemann, Henning:
Begleitpflanzen im ökologischen Getreidebau: Regulieren oder Kultivieren? / Henning Niemann. Stiftung Ökologie & Landbau. - 2., unveränd. Aufl. - Bad Dürkheim: SÖL, 1999
(Ökologische Konzepte; 93)
Printed on demand
ISBN 3-926104-93-7

Weinstraße Süd 51, D-67098 Bad Dürkheim

Fotos: Henning Niemann
Satz: Jürgen Frank
Herstellung: Libri Books on Demand

ISBN 3-926104-93-7

Inhaltsverzeichnis

Danksagung

Ich möchte mich ganz herzlich bei den befragten Betriebsleitern und ihren Familien bedanken. Sie haben zu der vorliegenden Arbeit durch ihre Offenheit, Hilfsbereitschaft und Gastfreundschaft einen wesentlichen Beitrag geleistet, der weit über das für ein Interview übliche Maß hinausgeht.
Ganz besonders danke ich meinen Betreuern PD Dr. Peter von Fragstein und Dr. Thomas van Elsen sowie Dr. Christian Schüler für fruchtbare Anregungen und die fortwährende Begleitung während der Untersuchung. Bei der Wahl und Ausgestaltung des Themas konnte ich meine Vorstellungen verwirklichen und bin dabei stets auf offene Herzen und außergewöhnliches Engagement gestoßen. Sie haben mich in allen inhaltlichen, methodischen und formalen Anliegen nach besten Kräften unterstützt.

I. Einführung

Die Methoden zur Entwicklung von chemischen Pflanzenschutzmitteln werden immer weiter verfeinert, und durch die Fortschritte in der Wissenschaft gelingt es immer besser, Wirkungsmechanismen zu verstehen und Wirkstoffe aus der Natur nachzubauen. Jedoch orientiert sich die synthetische Herstellung von naturidentischen Bioziden aus Wildkräutern mittels der Analyse von Molekularverbindungen nicht an ökologischen Grundsätzen. Ergebnisse solcher Art führen zu kurzfristigen Scheinlösungen, bergen jedoch bei massiver breitflächiger Anwendung der reinen chemischen Substanz nach kurzer Zeit die Gefahr von Resistenzbildungen. Weiterhin bleiben bodenbiologische Prozesse – zum großen Teil immer noch eine *black box* für die Wissenschaft – völlig unberücksichtigt. Dies geschieht, obwohl allgemein bekannt ist, daß Mikroorganismen an vielen Transport- und Umsetzungsprozessen im Boden beteiligt sind und durch den Einsatz von Pflanzenschutzmitteln massiv beeinträchtigt werden. Folglich ist dieser methodische Ansatz keine ganzheitliche Vorgehensweise. Er manifestiert allenfalls alte Denkmuster, ohne das System in seiner Gesamtheit zu betrachten.

Die konventionelle Landwirtschaft ist durch ökonomische Zwänge in einem immer stärker werdenden Maße auf den Einsatz ertragssteigernder Produktionsmittel angewiesen. Im Bereich des Pflanzenschutzes kann die kontinuierliche Anwendung nicht-selektiver Herbizide (Totalherbizide) in gentechnisch veränderten Kulturen bei Ackerwildkräutern zu nachhaltigen Veränderungen führen. MAHN (1992) zeigt mögliche Entwicklungen auf:

- Erlöschen (zumindest lokal) von Populationen hoher Sensitivität

- Förderung von Arten mit geringer (oder sich ausbildender) Herbizidresistenz
- Förderung von Arten mit relativ gut geschützten (unterirdischen) Organen

Darüber hinaus rechnet MAHN (1992) auch mit nachhaltigen Wirkungen auf die übrigen Kompartimente des Agrarökosystems: »Zu nennen wären besonders die Förderung erosiver Prozesse sowie die nachteilige Entwicklung physikalischer Bodenparameter.« Unmittelbare Auswirkungen durch die gentechnisch veränderten Kulturpflanzen könnten nach MAHN (1992) sein:

- mögliche Hybridisierung der gentechnisch veränderten Kulturpflanzen mit Wildkräutern
- Entwicklung transgener Kulturpflanzen zu unerwünschten Wildkräutern

Wie die Erhaltung charakteristischer Wildkrautpopulationen in den jeweiligen Regionen und die Existenzsicherung einzelner mehr oder minder stark gefährdeter Arten ermöglicht werden können, muß gesamtgesellschaftlich diskutiert werden. Eine von wenigen dominanten Arten beherrschte Pflanzengesellschaft (»Zönose«) erhöht in der Regel das Existenzrisiko für Arten mit geringen Populationsdichten, während eine hohe Vielfalt (»Biodiversität«) im allgemeinen eine günstige Voraussetzung für die Stabilisierung von Ökosystemen darstellt.

In der jüngeren Vergangenheit haben Genbanken begonnen, sich intensiver mit dem Schutz und der Erhaltung der Begleitflora zu beschäftigen. Aufgrund der sich sehr rasch ändernden Umweltbedingungen hält PLARRE (1985) eine langfristige Konservierung genetischer Ressourcen allerdings kaum für möglich. Da der Biotopschutz neben dem Artenschutz immer mehr an Bedeutung gewinnt, sollten Erhaltungsmaßnahmen in der freien Natur den Austausch von Genen und die weitere Evolution »vor Ort« (*in situ*) garantieren.

Nun sind es aber gerade die Landwirte, die die Flächen bewirtschaften. Folglich muß zum Schutze der biologischen Vielfalt die Entwicklung neuer Strategien im Ackerbau mit ihnen gemeinsam durchgeführt werden, denn solche »*On-farm*-Methoden« sind immer an die Möglichkeiten und Einsichten der Landwirte gebunden. Zumal die Zeit sehr drängt, wird diese Aufgabe nach GLADIS (1996) nur zu lösen sein, »wenn Naturschützer, Bauern, Genbanken, agrarhistorische Museen und Botanische Gärten enger zusammenarbeiten.«

Bezogen auf den Ackerbau stellt sich vor diesem Hintergrund die Frage, warum im ökologischen Landbau der Anbau von Reinkulturen in vielen Fällen vorherrscht. Bieten die einheitlichen Bestände gegenüber artenreichen Mischkulturen wirklich eindeutige Vorteile in modernen Anbauverfahren? Oder sind es vielleicht nicht einfach der technische Fortschritt, der Einsatz von Pflanzenschutzmitteln sowie die gezielte Züchtung und die insgesamt daraus resultierenden Beratungsempfehlungen, ist es also letzten Endes eine Philosophie, die die bekannte Entwicklung gesteuert hat (VANDERMEER 1989: 13)? So ist die Vorzüglichkeit des in Anwendung befindlichen Reinkultursystems immer weiter ausgebaut worden, während die Erforschung von in Gemeinschaft wachsenden Pflanzen kaum stattgefunden hat.

Doch muß das so bleiben? Lassen sich die Vorzüge von Reinkulturen wirklich so eindeutig nachweisen? Kann nicht auch unabhängig von möglichen Änderungen der politischen und ökonomischen Rahmenbedingungen bereits derzeit eine sich in die Natur besser einfügende Landwirtschaft praktiziert werden? Gibt es nicht bereits heute aus betrieblicher Sicht gute Gründe, sich mit der Kultivierung von Mischbeständen zu befassen? Die Nutzbarmachung der Wildkräuter, die ebenso wie viele Kulturpflanzen Mischungsbestandteil auf den Feldern sein können, sollte eine Überlegung wert sein. Die Landwirte müssen nicht automatisch ökonomische Einbußen erleiden; vielleicht können sie sogar von einer gesteigerten Wirtschaftlichkeit profitieren.

In der vorliegenden Arbeit werden Anbausysteme beschrieben, mit denen nicht nur hochwertige Nahrungsmittel erzeugt werden, sondern die zudem durch eine nachhaltige Bewirtschaftung allgemeinen ökologischen Ansprüchen gerecht werden. Auch wenn der ökologische

Landbau diese Vorstellungen *per se* erfüllen sollte, ist gerade hier die Etablierung naturnaher Anbauformen von besonderem Interesse. Jedoch geht die Betrachtung im Sinne von Lebens- und Artenvielfalt weit über den bewußten Verzicht auf leichtlösliche Düngemittel und chemisch-synthetische Pflanzenschutzmittel hinaus. Bei der Untersuchung von möglichen Kulturbegleitpflanzen sind der Kreativität und Vielfalt keine Grenzen gesetzt.
Für die Untersuchung wurden vier landwirtschaftliche Betriebe aus dem gesamten Bundesgebiet ausgewählt, die sich durch eher pflegenden als vernichtenden Umgang mit Begleitpflanzen im ökologischen Getreidebau auszeichnen und sich durch ihre außergewöhnliche Pionierleistung im Pflanzenbau von herkömmlichen Biobetrieben abheben. Wichtigstes Kriterium bei der Auswahl der Betriebe war deren Originalität und die Innovationsfreudigkeit bezüglich einer Anpassung der Landwirtschaft an naturnahe Produktionsverfahren. Die vier Betriebe werden im Hinblick auf die folgenden Fragestellungen untersucht:

- Hat Wildkrautbesatz im Getreidebau automatisch konkurrenzbedingte Ertragsausfälle zur Folge?
- Können das Getreide begleitende sonstige Kulturpflanzen indirekte ackerbauliche Vorteile haben, ohne dem Getreide zu schaden?
- Führt eine Gemeinschaft aus mehreren Pflanzenarten unter den Bedingungen des ökologischen Landbaus zur Sicherung von Erträgen und damit zur Stabilisierung der Betriebe?
- Welche Besonderheiten bestehen im Umgang mit Begleitpflanzen, wie gestaltet sich der Produktionsablauf und mit welcher Technik wird er durchgeführt?
- Müssen sich einzelbetriebliche Unternehmensziele und agrarökologischer Nutzen widersprechen?

»Mit Eifer habe ich mich der Kunst beflissen,
zwar weiß ich viel,doch möcht´ ich alles wissen.«
Johann Wolfgang von Goethe, *Faust*

2. Begleitpflanzen und ihre Rolle im Agrarökosystem

Als Begleitpflanzen werden in dieser Arbeit alle Pflanzenarten bezeichnet, die in irgendeiner Form gemeinsam mit dem Getreide auf einem Acker stehen können. Hierzu zählen alle in der landwirtschaftlichen Praxis bekannten Kulturarten, wie sie u. a. im Zwischenfruchtbau und in Untersaatsystemen bekannt sind. Genauso bezieht sich der Begriff auch auf einige in der mitteleuropäischen Landwirtschaft bislang noch praxisfremde Kulturen sowie das gesamte Spektrum der Ackerwildkräuter.

Was ist ein Ökosystem und wie funktioniert es?

Das Biotop ist ein von der Umwelt geschaffener Lebensraum mit spezifischen Bedingungen und Voraussetzungen. Dieser wird von einer sogenannten Lebensgemeinschaft (»Biozönose«) aus Pflanzen und Tieren bewohnt. Die Lebensgemeinschaft ist vom Lebensraum abhängig, wirkt aber auch auf ihn ein. Gemeinsam bilden sie ein Ökosystem.
Nach KNAUER (1993: 61 ff.) erfüllt jedes Mitglied einer Lebensgemeinschaft eine bestimmte Funktion im Ökosystem. Die grünen Pflanzen sind mit Hilfe der nur ihnen möglichen Photosynthese und der daraus resultierenden Energieschöpfung die Produzenten im Ökosystem. Sie können von Tieren (den Pflanzenfressern = *Herbivore*, Konsumenten 1. Ordnung) gefressen werden, die wiederum anderen Tieren als Nahrungsgrundlage dienen (den Fleischfressern = *Carnivore*, Konsumenten 2. Ordnung). HERRMANN und PLAKHOLM (1991: 15 f.) schreiben dazu:

> Die abgestorbenen Pflanzen und Tiere werden von der großen Gruppe der abbauenden und zersetzenden Lebewesen, den Destruenten, zu denen vor allem Bodentiere, -bakterien und -pilze gehören, verarbeitet. Diese zerlegen die von den grünen Pflanzen aufgebauten komplizierten Verbindungen wieder in ihre chemischen Bausteine, wodurch sie für die Pflanzen erneut verfügbar werden. Neben permanent zirkulierenden Energieflüssen sind solche Stoffkreisläufe eine unabdingbare Voraussetzung für das Funktionieren von Ökosystemen.

Die wechselseitigen Beziehungen zwischen den wildlebenden Tierarten sind teilweise sehr komplex. Unter anderem sind die

> verschiedenen Lebewesen in einem Ökosystem durch das »Fressen und Gefressenwerden« miteinander verbunden. Diese Nahrungsbeziehungen beeinflussen die Häufigkeiten (im Auftreten) der Arten, die sonst vor allem von Umweltbedingungen wie Feuchtigkeit, Temperatur und Nährstoffangebot abhängen. Das pflanzliche Nahrungsangebot beeinflußt die Häufigkeit der Pflanzenfresser, diese die Zahl der Fleischfresser. Diese sogenannten Räuber-Beute-Beziehungen werden durch Rückkoppelungen reguliert: eine hohe Beutedichte fördert die Räuber, eine hohe Räuberdichte verringert die Beute, wodurch wiederum die Zahl der Räuber sinkt.

Ein wichtiges Regulationsprinzip ist die Konkurrenz um Raum, Licht, Wasser und Nährstoffe. Diese kann sowohl zwischen Angehörigen der gleichen Art als auch zwischen verschiedenen Arten (Kulturpflanzen – Wildpflanzen) wirksam werden. Je artenreicher und damit in seinen Organen differenzierter ein ökologischer Organismus ist, je mehr Mitglieder also eine Lebensgemeinschaft hat, desto vielfältiger sind die Rückkopplungen und damit die Möglichkeiten zur Selbstregulation. Dadurch wird die Stabilität von Ökosystemen erhöht, und diese erlangen neben der Fähigkeit zur Weiterentwicklung auch die Fähigkeit, sich bei Störungen nicht wesentlich zu verändern (KNAUER 1993: 65 ff.).
Lebewesen sind auch noch in anderer Weise von Ökosystemen abhängig, so u. a. von Gestaltungselementen in einer Landschaft wie Hecken, Feldrainen, Wegrändern, Flußläufen, Biotopen, Feucht- und Trokkenwiesen. Diese Strukturvielfalt ist für bestimmte Arten lebensnotwendig (BASEDOW 1987; WALLBERG-JAKOBS 1991: 19 ff.); insofern sind strukturarme, ausgeräumte Agrarlandschaften für viele Tier- und Pflanzenarten lebensfeindlich (SUKOPP 1980: 23 ff.).
Zum allgemeinen Funktionsprinzip von Ökosystemen ist zu ergänzen, daß diese einer zeitlichen Abfolge von Veränderungen (»Sukzession«) unterliegen. Sich selbst überlassene Pionierstadien entwickeln sich zu reifen Endstadien und in mitteleuropäischen Breiten im letzten Schritt

zum Hochwald. Dieser läßt sich als stabile Lebensgemeinschaft charakterisieren, die ohne bedeutende Veränderungen bestehen bleibt (»Klimax«).

Besonderheiten von Agrarökosystemen

Im engeren Sinne bezeichnet Agrarökologie den Teilbereich der Ökologie, der sich mit den Lebewesen und ihren Beziehungen (z. B. Nützling – Schädling, Kulturpflanze – Wildkraut) in der landwirtschaftlich genutzten Kulturlandschaft befaßt. KNAUER (1993: 70) beschreibt dies folgendermaßen:

> Das Agrarökosystem ist ein Nutzökosystem, bei dem die funktionale Einheit der Biosphäre als Wirkungsgefüge aus wildwachsenden Pflanzen und Kulturpflanzen, wildlebenden Tieren und vielfach auch Nutztieren besteht, deren energetische, stoffliche und informatorische Wechselbeziehungen vom Menschen gezielt geregelt werden. Agrarökosysteme bestehen meistens aus räumlich miteinander verbundenen Biozönosen und Biotopen.

Für die unreifen Stadien eines Ökosystems ist eine hohe Nettoproduktivität typisch, d. h. ein Zuwachs an Biomasse, der nicht von Pflanzen veratmet und von systemeigenen Konsumenten verbraucht wird. Dieser Zuwachs bildet die Voraussetzung für die Nutzung durch den Menschen, der dem System die dort erzeugte Biomasse über die Ernte entnimmt. So definierte Agrarökosysteme unterscheiden sich in ihren Strukturen und Stoffflüssen von naturnahen Ökosystemen. Sie werden durch externe (anthropogene) Inputs, die sowohl abiotischer (Agrochemikalien) als auch biotischer (Saatgut) Natur sein können, erhalten und in ihrer Form bestimmt.
Einerseits wurde das Landschaftsbild im Laufe der letzten Jahrzehnte durch die biologisch-chemisch-technische Entwicklung in der Landwirtschaft geprägt; auf der anderen Seite wurde die Sukzession auf wenige Flächen zurückgedrängt. Die Folge dieser Entwicklung sind die

allseits anzutreffenden Reinkulturen der Intensivlandwirtschaft, die das Landschaftsbild in Deutschland im wesentlichen bestimmen und die mit erheblicher Artenverarmung einhergehen (GÖTTLICHER-GÖBEL 1988, WEBER 1979). Es besteht die Gefahr, daß eine Aufteilung der Fläche in Schmutz- und Schutzgebiete vorgenommen wird, wobei es sich bei letzteren vor allem um Marginalstandorte handelt (HABER und SALZWEDEL 1991: 14). Oder besteht eine Möglichkeit, die Interessen der Landwirtschaft mit denen des Naturschutzes zu verbinden?

Im Volksmund wird bei Wildkräutern häufig von »Unkräutern« oder auch von »Beikräutern« gesprochen. Zu erklären ist diese Begrifflichkeit aus der Sicht der Bewirtschafter, die einen Nutzen aus ihren Kulturpflanzen ziehen wollen und Angst vor Konkurrenz und damit wirtschaftlichen Einbußen haben. Daher ist das Wildkraut für sie ein »unerwünschtes Kraut«. KLAPP (1967) definiert den Begriff folgendermaßen: »Unkraut im weiteren Sinne ist jede ungewollte Pflanze – Pflanzen am falschen Platz, also auch Kulturpflanzen am falschen Platz.«

Neben den Vorzügen für Nutzinsekten soll an dieser Stelle u. a. auch der mögliche Nutzen von Wildkräutern sowohl als Heilpflanzen wie auch als Nahrungsmittel erwähnt werden. So gewinnen sie mit ihren spezifischen Bestandteilen und Wirkstoffen als Rohstoffgrundlage zunehmend an Bedeutung und stellen ein Bindeglied zwischen Landwirtschaft und verarbeitender Industrie dar. Die gesellschaftliche Notwendigkeit der Nutzung verschiedenster Wildkrautarten wird immer mehr Gegenstand der Forschung. Allmählich wird der Wert verschiedenster vom Aussterben bedrohter Arten als genetische Ressource erkannt.

Wie werden Wildkräuter zu Unkräutern?

In der Diskussion um die Verwendung des Begriffes »Unkraut« sollten sowohl der vegetationskundliche als auch der ökonomische Aspekt gleichermaßen betrachtet werden. Kennzeichnend für »Unkräuter« sind folgende Gesichtspunkte (verändert nach ZWERGER 1995):

- Unkräuter kommen in der Regel nur auf Standorten vor, die vom Menschen in irgendeiner Weise verändert wurden und/oder werden, wobei Art und Intensität des Eingriffs sehr unterschiedlich sein können.

- Unkräuter verursachen dort, wo sie wachsen, mehr Schaden als Nutzen.

ZWERGER (ibd.) schreibt dazu: »Eine Pflanze oder ein Pflanzenbewuchs ist also nicht a priori Unkraut, sondern wird durch den Menschen in diesen Status versetzt. In der Regel sind es auch nicht die Einzelpflanzen, die als Unkraut in Erscheinung treten, sondern immer die betreffenden Populationen, also die Gesamtheit der Individuen einer Art an einem Ort«.

In Mitteleuropa kommen auf Äckern und ähnlichen Standorten etwa 250–300 wildwachsende Pflanzenarten vor (EGGERS 1994). Davon gelten etwa 30 Arten als wirtschaftlich bedeutende »Unkräuter« und 98 als »gefährdete Ackerwildpflanzen«. Bei Überlegungen zum Naturschutz wird vorrangig der Artenschwund beklagt, jedoch sind auch die Bewegungen unterhalb des Artenniveaus zu beachten. Häufig geht die Reduzierung von Spezies mit dem Verlust an genetischer Differenzierung innerhalb der verbleibenden Arten einher. Während die Einschränkung des Sortenspektrums bei Kulturpflanzen bewußt vorgenommen wurde, verläuft der Rückgang der Wildkräuter mit ihrer Vielfalt und Variabilität schleichend (GLADIS 1996).

Die Entstehung der Wildkräuter ist sehr eng mit derjenigen der Kulturpflanzen verbunden. Sie haben eine gleiche evolutionäre Geschichte (HAMMER et al. 1995) und sichern ihr Überleben durch zwei unterschiedliche Adaptionsstrategien. Zum einen ist ihr Entwicklungsrhythmus dem der Kulturpflanzen, die sie begleiten, ähnlich oder sogar weitgehend mit diesem identisch. Alternativ dazu haben Wildkräuter für einzelne Phasen in ihrer Entwicklung ein den Kulturpflanzen entgegengesetztes Verhalten angenommen.

Die grundsätzliche Gefahr für die Wildkräuter liegt in der Fixierung auf eine bestimmte Kulturart oder eine bestimmte Produktionstechnik, denn mit deren Aufgabe würden die Wildkräuter ihre Lebensgrundlage verlieren. Durch Anpassungsstrategien wie die Langlebigkeit der Samen im Boden und ihre Variabilität, die sich z. B. in einer großen Spanne bei den Keimtemperaturen äußert, werden die Wildkräuter weitaus unabhängiger vom Anbau einiger Kulturpflanzen. Häufig ermöglicht ihnen eine stark ausgeprägte Formbarkeit (Plastizität) eine optimale Anpassung an die jeweiligen Standortbedingungen und damit die Besetzung ökologischer Nischen.

Der Mensch ist durch bäuerliche Tätigkeit an dieser Entwicklung maßgeblich beteiligt. Zum einen hat er erst durch die Schaffung abwechslungsreicher, hochgradig differenzierter »Kleinlandschaften« in Anpassung an die jeweiligen Vegetationsverhältnisse das Gedeihen der Wildkräuter ermöglicht. Zum anderen sind durch vielfältige Handelsbeziehungen und durch einen intensiven Warenaustausch viele Pflanzenarten aus fremden Herkunftsgebieten eingeschleppt und heimisch geworden. So ist durch Vielfalt in der Landschaft und deren landwirtschaftliche Nutzung, also durch Synthese von Kultur und Natur, eine Kulturlandschaft entstanden.

Veränderungen der Ackerwildkrautgesellschaften als Folge sich wandelnder Feldbaumethoden

In den vergangenen Jahrzehnten hat die Landwirtschaft große Strukturveränderungen im Hinblick auf Betriebs- und Flächengröße erfahren. Mit dieser Entwicklung erfolgte auch eine Veränderung der Bewirtschaftung. Aufgrund ökonomischer Zwänge kam es über den Einsatz von Dünge- und Pflanzenschutzmitteln zu einer Eutrophierung der Standorte. Ferner hat sich das Kulturartenspektrum gewandelt. Die daraus resultierende Ertragsoptimierung in der landwirtschaftlichen Erzeugung hat auch die Häufigkeit und Qualität von Wildkrautgesellschaften beeinflußt (EGGERS 1989: 89 ff.).

Die Verminderung bzw. Ausweitung der Anteile von Wildkräutern sowie die Verschiebung im Artengefüge der Wildkrautgesellschaften werden durch folgende Veränderungen der Bewirtschaftung hervorgerufen (verändert nach BACHTHALER 1968):

- Fruchtfolge:
  - weniger Glieder
  - Ausweitung der Halmfrucht zuungunsten der Hackfrucht
  - mehr Winterungen auf Kosten von Sommerungen
  - geringerer Anteil des Feldfutterbaus
- Sortenzüchtung:
  - geringere Konkurrenzkraft der Kulturpflanzen (Beschattung)
- Anbautechnik:
  - wirkungsvolle Saatgutreinigung
  - Bodenbearbeitungsverfahren (Wegfall der Schälfurche)
  - vorverlegte Saattermine
  - Dünnsaaten
  - mineralische Düngung
  - Einführung der Kalkung
  - Wandlung in der organischen Düngung (Einsatz von Gülle)
- Pflegetechnik:
  - Wegfall mechanischer Wildkrautbekämpfung
  - Wegfall von Untersaaten (Wildkrautkonkurrenz)
  - einseitiger Herbizideinsatz
  - Anwendung von Halmverkürzungsmitteln
- Ernteverfahren:
  - aufkommender Mähdrusch (Samen bleiben auf dem Acker)
  - dadurch verzögerte Ernte (Samenreife wird möglich)

Nach der Auswertung eines mehrfaktoriellen Dauerversuches, der über einen Zeitraum von 23 Jahren durchgeführt wurde, kommen ZAKHARENKO und ZAKHARENKO (1996) zu dem Ergebnis, daß der Einsatz von Herbiziden und die Form der Bodenbearbeitung die Anzahl einiger Wildkrautarten (Kornblume – *Centaurea cyanus*, Einjähriger Knäuel – *Scleranthus annuus*) in der Fruchtfolge verringern. Die Anzahl anderer Arten (Vogelmiere – *Stellaria media*, Acker-Spark – *Spergula arvensis*, Kletten-Labkraut – *Galium aparine*, Gemeiner Windhalm – *Apera spica-venti*) wird hingegen erhöht. Ferner ist der

Anteil der Wildkrautpopulation bei den Herbizidvarianten um 28 bis 33 % geringer als bei den Varianten ohne Herbizide.
Infolge der veränderten Landbaumethoden existieren heute auf den intensiv bewirtschafteten Feldern weitgehend nur noch artenarme Wildkrautgesellschaften (sogenannte Fragmentgesellschaften) (vgl. OTTE 1984: 60–63). Insbesondere durch den großflächigen und jahrzehntelangen Einsatz von Herbiziden ist eine breite Palette von Wildkräutern verdrängt worden (RUPPERT 1988). Es sind gerade die »Standortspezialisten«, die von relativ geringfügigen Standortveränderungen betroffen sind. Gleichzeitig hat dadurch eine Selektion, d. h. eine Beschränkung auf sehr wenige hartnäckige und herbizidunempfindliche bis teilweise herbizidresistente Populationen, stattgefunden (GRESSEL 1991).
Diese mehr oder minder wenigen Arten mit z. T. hoher Dominanz haben nicht selten ein entsprechendes Durchsetzungsvermögen gegenüber der Kulturart (HILBIG 1987) und lieben nährstoffreiche, insbesondere stickstoffreiche Standorte. Dabei handelt es sich um eine kleine Gruppe extrem widerstandsfähiger Arten mit der Fähigkeit, sich schnell wechselnden Extremen in der Bewirtschaftung anzupassen oder ihnen über Ruhestadien auszuweichen. Sie etablieren sich bevorzugt auf den Feldern, breiten sich dort aufgrund ihrer guten Anpassung an Standort und Produktionsbedingungen schnell aus und werden deshalb zu »Problemunkräutern« (STRYCKERS 1979).
Die ökologischen Konsequenzen dieser Auslese betreffen vor allem mögliche Veränderungen im Hinblick auf spezifische ökologische Leistungsparameter bei herbizidresistenten Sippen. So können sich innerhalb einer Art z. B. verringerte Stoffproduktionen einstellen (vgl. WARWICK und BLACK 1981). Wird eine herbizidempfindliche durch eine herbizidunempfindliche Population einer Art verdrängt, so sind entsprechende Verschiebungen in den zuvor bestehenden Konkurrenzverhältnissen der betreffenden Wildkrautgesellschaft zu erwarten. Während unter den beschriebenen Voraussetzungen ein einseitiger Samenvorrat im Boden angelegt wird, ist von nährstoffarmen Lagen bekannt, daß dort sehr artenreiche Bestände anzutreffen sind. Auch wenn es nicht um die Umwandlung von produktiven Ackerflächen in

Magerstandorte geht, ist doch zu bedenken, daß die allgemeinen Standortvoraussetzungen wie Boden-, Wasser- und Nährstoffverhältnisse die entscheidende Grundlage für Artenvielfalt und -zusammensetzung der Wildkräuter bilden. Eine Ausrichtung der Produktionssysteme an der natürlichen Leistungsfähigkeit der Standorte (Bewirtschaftung nach den Richtlinien des ökologischen Landbaus) würde einen bedeutenden Beitrag zugunsten vieler Arten leisten (VAN ELSEN 1989, ibd. 1994). Gleichzeitig würde sich die Frage nach dem Umgang mit »Problemunkräutern« entschärfen.

Vor- und Nachteile von Wildkräutern für die Landwirte

Aus anthroposophischer Sicht werden der Befall mit Krankheiten und Schädlingen sowie das übermäßige Auftreten von Wildkräutern als ein Zeichen ungesunder Pflanzenentwicklung verstanden. SCHWARZ (1985, zitiert in DREIDAX und WISTINGHAUSEN) bezeichnet Wildkräuter, die in ausgesprochener Überzahl vorkommen, als »Mahnkräuter«, die einen erkrankten Bodenzustand aufzeigen und nach einer »Bearbeitung rufen«. Bereits DREIDAX und WISTINGHAUSEN (1985) schätzen den Nutzen einer großen Zahl von Wildkräutern bei geringem Vorkommen. STEINER (1985) ist der Ansicht, daß z. B. der Mohn sehr nachteilig wirke, da er den Boden in einen sehr »ungünstigen Zustand« versetze (»verkäse«).[1] Bei der Kornrade hingegen verweist er auf die Farbe ihrer Blüte als Hinweis darauf, daß diese Pflanze dem Getreidefeld »kosmische Kräfte« vermittle. Ferner beschreiben DREIDAX und WISTINGHAUSEN (1985) die Notwendigkeit »einer Therapie mit Hilfe von Pflanzenmischungen durch Gemenge und Fruchtfolgen«, um den Boden zu verbessern.
Wildkräuter sind ein regenerativer Bestandteil im Stoffkreislauf des Ackers. Sie sammeln Energie und stellen diese über den Bodenaufbau den Folgekulturen und damit der produktiven Phase indirekt zur Verfügung. Das massenhafte, oft einseitige Auftreten von »Problemunkräutern« sieht HEILMANN (schriftliche Mitteilung, 1996) als ein Symptom, dessen Ursache in den gestörten Energie- und Stoffflüssen

im Boden zu suchen sei. Demzufolge bleibe Wildkrautbekämpfung oft auf der Ebene von Symptombehandlung haften, ohne daß sich am Bewirtschaftungssystem grundsätzlich etwas ändere.
Bei der Beschreibung der negativen Einflüsse der Wildkräuter auf die Kulturpflanzen muß darauf hingewiesen werden, daß auch von Kulturpflanzen selber schädigende Wirkungen ausgehen können. Das Ausmaß des Schadens ist im wesentlichen vom Zeitpunkt des Auftretens sowie der Dichte der entsprechenden Kulturart abhängig. Als Problem treten in der landwirtschaftlichen Praxis immer wieder Schoßrüben, Durchwuchskartoffeln sowie Ausfallraps und -getreide in den Folgekulturen auf. Im folgenden sind nachteilige Wirkungen von unerwünschten Kulturpflanzen und Wildkräutern auf Ackerflächen aufgelistet (verändert nach KOCH und HURLE 1978):

- Konkurrenz mit den Kulturpflanzen um begrenzt verfügbare Wachstumsfaktoren wie Licht, Wasser, Nährstoffe und Standraum
- Behinderung der Pflege- und Erntearbeiten und höherer Aufwand für Reinigung und Trocknung
- Minderung der Qualität von Ernteprodukten
- Begünstigung und Übertragung von Pflanzenkrankheiten und -schädlingen durch das Auftreten als Zwischenwirt
- Wildkrautprobleme in den Folgekulturen

Im Zusammenhang mit dem Boden haben die Wildkräuter ganz ähnliche Eigenschaften wie die in diesem Kapitel aufgeführten Kulturpflanzen aus der landwirtschaftlichen Produktion. Sie wirken durch die Bedeckung des Bodens erosionsmindernd und aggregatstabilisierend auf den Bodenkörper (DIEZ 1981: 28 f.). Ebenso wird durch intensive und tiefe Durchwurzelung das Bodenprofil erschlossen und die Gefügestabilität aufgebaut. Hierdurch wird indirekt das Bodenleben angeregt (MALKOMES 1994), das seinerseits zum Humusaufbau und zur Verfügbarkeit der Nährstoffe beiträgt.
Außerdem sind eine verbesserte Nährstoffdynamik durch aktive Nährstoffmobilisierung und ein größerer Pool von Vorräten in Form der

vermehrten organischen Masse zu erwarten. Die aktive Mobilisierung von Nährstoffen aus schwer zugänglichen Bodenvorräten ist manchen Pflanzen besonders durch Ausscheidung verschiedener Substanzen (sogenannter Wurzelexsudate) möglich, die entweder direkt den Bodenvorrat in Lösung bringen oder aber spezielle Mikroorganismen in ihre Rhizosphäre (die obere Krume) locken, die an der Ernährung der Pflanze beteiligt sind (HOLZNER 1982). In der folgenden Zusammenstellung werden neben den in diesem Kapitel angeführten nützlingsfördernden Wirkungen die weiteren möglichen Vorteile von Wildkräutern genannt (verändert nach PLAKOLM 1989):

- Bodenbedeckung, die vor Erosion schützt
- Wasserführung und Durchlüftung
- mechanischer und biologischer Bodenaufschluß durch tiefreichende Wurzeln
- Schutz und Nahrungsangebot für Nutzinsekten bzw. Alternativnahrung für Schadinsekten
- positive Wechselwirkungen mit der Kulturpflanze
- vielseitige Pflanzengesellschaft als Zeiger von Bodeneigenschaften
- Aufschluß von Spurennährstoffen aus dem Bodensubstrat durch Exsudate
- Förderung des Bodenlebens durch organische Masse und Wurzelausscheidungen
- Humuswirkung
- phytosanitäre Wirkung im Boden
- direkte Auswirkungen auf Ertrag und Qualität der Kulturpflanze durch Allelochemikalien*

---

* Substanzen, die im feinstofflichen Bereich durch Informationsübertragung wirken

Wenn Wildkrautpopulationen aus den Agrarlandschaften verschwinden, ändern sich die Voraussetzungen des Agrarökosystems, wodurch die Langzeitstabilität von Ökosystemen negativ beeinflußt werden kann. MAHN (1992) schreibt dazu: »Wie durch eine Reihe von bodenökologischen Untersuchungen gezeigt werden konnte,
führt das temporäre Fehlen der Unkrautzönose zu einer Verstärkung erosiver Prozesse, verringerter Bodengare (durch Krumenaustrocknung) und geringerer Bodenaktivität im Krumenbereich (infolge Rückgangs von Mikroorganismen und am Abbau der toten organischen Substanz beteiligter Bodentiergruppen).«

Darüber hinaus können die Wildkräuter auch Zeigerfunktionen übernehmen. Bezogen auf bestimmte Standorte gibt es gewisse, immer wiederkehrende Gesetzmäßigkeiten in der Pflanzenbesiedlung. Anhand der vorkommenden Arten und ihrer Zusammensetzung können Rückschlüsse auf die Entstehung und den qualitativen Zustand eines Standortes gezogen werden (BOAS 1958). Ferner sind nach GLADIS (1996) die Wildkräuter »...wichtige Indikatoren zur Einschätzung der Situation in der Landwirtschaft. Ihre An- bzw. Abwesenheit, insbesondere ihre Variabilität und Merkmalsvielfalt erlauben Rückschlüsse auf den Status der jeweiligen Träger-Kulturpflanze (Landsorte, Sortenmischung, Zuchtsorte).«

Wechselwirkungen und Kommunikation in Ökosystemen

Direkte stoffliche Wirkungen

Der Begriff »Allelopathie« (griechisch *allelon* »gegenseitig«, *pathe* »Einwirkung«) geht auf MOLISCH (1937) zurück, der darunter reziproke biochemische Wechselwirkungen zwischen jeder Art von pflanzlichen Organismen, einschließlich der Pilze und Bakterien, versteht. Diese können dadurch, daß sie in minimalen Mengen wachstumshemmende oder -fördernde sowie reifebeschleunigende Stoffwechselprodukte ausscheiden, auf andere Pflanzen einwirken. Ferner können sie die Keimung von Pflanzen beeinflussen. Zu den wachstumshemmenden Ausscheidungsprodukten niederer Pilze gehören z. B. einige Antibiotika wie Penicillin.

Chemische Interaktionen auf verschiedenen Ebenen, vom subzellulären Bereich über das Niveau der Einzelzelle bis zur komplex zusammengesetzten Biozönose, stellen das älteste und universellste Kommunikationsprinzip dar (FRANCKE 1989). Die Gesamtheit aller zwischen verschiedenen Organismen wirkenden chemischen Botenstoffe wird als »Semiochemicals« bezeichnet. Sie dienen zur Steuerung vielfältiger Wechselbeziehungen zwischen Organismen und werden von diesen an die Umgebung abgegeben oder zum Schutz verwendet. Typisch für diese natürlichen Signalstoffe sind eine meist niedrige Toxizität und eine geringe Persistenz (d. h., daß sie nach kurzer Zeit wieder verschwinden). Grundsätzlich unterteilt man sie in »Pheromone« (diese wirken intraspezifisch, also innerhalb einer Art) und »Allelochemicals«. Bezogen auf die höheren Pflanzen werden die Allelochemikalien

von VON HALLER (1977) auch »Phytonzide« genannt. Sie dienen der Verständigung (Kommunikation) zwischen den Arten.
VON HALLER (1977) beschreibt die Phytonzide »als die wahrscheinlich wichtigsten von den Pflanzen ausgeschiedenen Substanzen, um diese Wechselbeziehungen in Gang und im Gleichgewicht zu halten«. Es gibt sowohl direkte als auch indirekte Wirkungen, z. B. über die Mikroorganismen der Rhizosphäre auf das Bodenleben. Ferner unterscheidet VON HALLER stimulierende bzw. fördernde und hemmende bzw. tötende Wirkungen, so daß man von »Freundschaften« und »Feindschaften« unter den Lebewesen sprechen könnte. Von besonderer Bedeutung im Zusammenhang mit Phytonziden ist nach VON HALLER (1977: 4) die Stimulanz der Abwehrkräfte und der Regeneration im menschlichen Organismus.
Er definiert Phytonzide »als den wichtigsten Faktor der natürlichen Immunität im gesamten Pflanzenbereich, die darüber hinaus aber eine regelnde oder ordnende Funktion in der Biozönose haben«. Die Phytonzide zeichnen sich alle durch eine breite antibiotische Wirksamkeit aus, die sich auf Pflanzen sowie Tiere und Menschen erstreckt. VON HALLER spricht somit auch allelopathisch wirksame Substanzen an, beansprucht aber eine gesamtökologische Betrachtungsweise, was durch den Begriff »Phytonzid« zum Ausdruck kommen soll.
Bei der Bildung und Ausscheidung von biologisch aktiven Substanzen sowie bei der Anreicherung dieser Wirkstoffe im Biotop und der Verteilung auf andere Organismen spielen Mikroorganismen eine entscheidende Rolle. Hierbei kommt den Bodenmikroorganismen der Rhizosphäre eine besondere Bedeutung zu. Sie besitzen die Fähigkeit, die von Pflanzen ausgeschiedenen Verbindungen zu metabolisieren, d. h. sie umzubauen.
Daneben kann das Wachstum von Pflanzen durch kompetitive* Faktoren beeinflußt werden, u. a. durch die Veränderung des Mikroklimas, der Wasser- und Nährstoffversorgung sowie anderer Konkurrenzfakto-

* Kompetitiv = maßgebend und eine notwendige Ergänzung fordernd; der Begriff beinhaltet Konkurrenz- und Vorteilseffekte.

ren unter dem Einfluß von Nachbarpflanzen, die häufig im Vordergrund stehen. Sie müssen unabhängig von allelopathischen Wirkungen gesehen werden. LEATHER (1983) faßt beide Ebenen zu dem Oberbegriff »Interferenz« zusammen, da unter Feldversuchsbedingungen allelopathische und kompetitive Wechselwirkungen kaum voneinander getrennt werden können.
In der folgenden Aufzählung werden die Möglichkeiten der außerallelopathischen Wechselwirkungen zwischen den Pflanzen dargestellt (verändert nach KNAPP 1967):

- Veränderungen des Mikroklimas und des Bodens durch benachbarte und vergesellschaftete Pflanzen (u. a. Licht, Wasser, Temperatur, Nährstoffe, Bodenreaktion, Bodenstruktur; KICKUTH 1970: 164; SMITH 1969: 164)
- Veränderungen der Lebensbedingungen durch Mikroorganismen und Tiere (u. a. Symbiose zwischen Pilzen und höheren Pflanzen: »Mykorrhiza«, Nutztiere, Vögel, Insekten)
- Einwirkungsmöglichkeiten im Rahmen des Stoffkreislaufes in Beständen und Gesellschaften von Pflanzen: »Allelopathie« (Ausscheidungen und Freiwerden von Stoffen aus lebenden und toten Blättern, Stengeln und Wurzeln sowie Ernterückstände und Humusstoffe: u. a. Aminosäuren, Kohlenhydrate, Vitamine, Alkaloide, Glykoside, Amide, Carbonsäuren, ätherische Öle)

Autotoxische allelopathische Effekte können im Zusammenhang mit der Bodenmüdigkeit gesehen werden. So ist von Apfelbäumen bekannt, daß sie in Abhängigkeit von der Ertragshöhe die Phenolverbindung Phloridzin produzieren und in den Boden ausscheiden. Nach SCHLEE (1986: 152) verringert diese das Wachstum und den Ertrag der Bäume in den folgenden Jahren deutlich. Auch für die Kleemüdigkeit sind offenbar nachwirkende Substanzen aus Wurzeln von Rotklee (*Trifolium pratense*) von Bedeutung (VON LOCHOW 1957; BAEUMER 1960: 41). Getreide als Ernterückstand kann durch seine phenolischen Verbindungen auf die Keimung und Entwicklung von Pflanzen, u. a.

auch der eigenen Art, stark wachstumsvermindernd wirken (WINTER und SIEVERS 1952; WINTER und SCHÖNBECK 1953: 61). Da nach KNAPP (1967: 71–74) auch zwischen wachsenden Pflanzen einer Art fördernde oder hemmende Allelopathie auftreten kann, läßt sich daraus eine ertragsphysiologisch »optimale« Bestandesdichte ableiten.

Darüber hinaus gibt es in einigen Fällen auch auto-stimulierende Effekte. PUTNAM und DUKE (1978: 154) beschreiben stimulatorische allelopathische Wirkungen für die Kohlart *Brassica tournefortii* auf Getreidepflanzen unter Feldbedingungen. Des weiteren zeigen sie, daß sich bestimmte Gelbsenfpflanzen (*Sinapis alba*) ertragssteigernd auf verschiedene Getreidearten auswirken, und halten eine ökonomische Bedeutung für möglich.

Versuche zeigen die hemmende Wirkung von Weißem Steinklee (*Melilotus alba*) auf keimendes und junges Welsches Weidelgras (*Lolium multiflorum*). Ältere Weidelgraspflanzen hingegen, die zusammen mit Weißem Steinklee kultiviert wurden, waren im Vergleich zu Reinbeständen mehr als doppelt so hoch (KNAPP und FURTH-MANN 1954: 42).

Phytonzide können nicht nur Mikroorganismen abtöten, sondern darüber hinaus auch auf andere Lebensprozesse positiv einwirken. So schreibt TOKIN (zitiert in VON HALLER 1977: 11) über die vorbeugende Behandlung von Getreidesamen:

> Bei Versuchen mit Phytonziden von Senf wurden 10 g Trokkenmasse der Pflanze auf einen Liter Wasser genommen und nach 24 Stunden (bei Zimmertemperatur) filtriert. Dieser klare Aufguß hat gute bakterizide Eigenschaften. Die Samen werden für eine halbe Stunde in diesen Aufguß getan, anschließend die gleiche Zeit in gewöhnliches Wasser, dann werden sie in zwei bis drei Stunden getrocknet.

TOKIN weist darauf hin, daß durch die genannte Behandlung sowohl die Abwehr bakterieller Infektionen erhöht wird als auch das Keimen verbessert und die Ernteerträge gesteigert werden.

BUDINA (1992: 25) berichtet über gute Erträge beim Hafer, wenn dieser mit Hederich (*Raphanus raphanistrum*) verkrautet ist. Wenn Hafer zusammen mit Quecken (*Agropyron repens*) aufwächst, kann das sogar zu Ertragssteigerungen führen. BUDINA nennt an selbiger Stelle ein weiteres Beispiel: »Eine Feldkamille (*Chamomilla spp.*) auf hundert Weizenähren erbringt ein höheres Tausendkorngewicht.« Aus der Literatur geht jedoch nicht hervor, wie die Ergebnisse zustande kommen.
Direkte Wirkungen auf Schadorganismen beruhen meist auf sekundären Pflanzeninhaltsstoffen, die Pflanzenfresser abwehren oder töten können und von sogenannten Repellentpflanzen abgegeben werden. Damit eine ausreichende Schutzwirkung für die nebenstehende Kulturpflanze gewährleistet ist, müssen diese Stoffe über eine gewisse Distanz hinweg aktiv sein, wie dies beispielsweise für ätherische Öle nachweisbar ist. Sie können Insekten teilweise schädigen oder sogar töten. So reagiert z. B. die Getreideblattlaus stark auf Kümmel-, Melissen- und Rosmarinöl (KLINGAUF 1983).
Ebenso wie die Zuckerrübe (*Beta vulgaris*) und die kultivierten, teilweise auf Nematodenresistenz gezüchteten Kreuzblütler (Raps – *Brassica napus*, Gelbsenf – *Sinapis alba*, Ölrettich – *Raphanus sativus*) können sich auch kruzifere Ackerwildkräuter durch ihre Wurzelexsudate schlupffördernd auf den Rübennematoden *Heterodera schachtii* auswirken und eine Geschlechterdifferenzierung hervorrufen (GLEISSL und BACHTHALER 1989).
Ackerwildkräuter sollen auch verschiedene Pflanzenkrankheiten abschwächen. LEIN (1982, zitiert in SCHELLER 1988) spricht von einer hemmenden Wirkung der Wildkräuter auf das Auftreten von Pilz- und Viruskrankheiten. Eine Zusammenstellung verschiedener, nicht nur auf dem Acker heimischer Pflanzen, die nach mehreren Quellen schädlingsabweisende Wirkung haben, findet sich im Anhang (nach HERZOG-WITTEN 1990: 5–7).

Indirekte Wirkungen durch Nützlingsförderung

Die Bedeutung der Insekten soll in diesem Zusammenhang gesondert betrachtet werden. Zum einen wurde über ihre Rolle und ihre Bedeutung im Agrarökosystem viel geforscht und veröffentlicht, zum anderen können sie gerade im ökologischen Landbau eine wichtige Funktion im Hinblick auf die Stabilisierung und damit die Ertragssicherung von Kulturpflanzen einnehmen.

Das Vorkommen zahlreicher Insektenarten ist an das Vorhandensein von Wirtspflanzen gebunden (KUGLER 1970). Folglich resultiert aus einer Verarmung der Flora eine unmittelbare Reduktion der Fauna. Da Schädlinge sich von Kulturpflanzen ernähren, benötigen viele von ihnen keine Begleitflora als Lebensraum oder Nahrungsressource. Sie finden besonders in Reinkulturen beste Lebensbedingungen vor. Aufgrund dort fehlender Nutzinsekten entstehen erhebliche Probleme in der Schädlingsbekämpfung (KÜHNER 1988).

Häufig reagieren die Landwirte in der Praxis mit massivem Einsatz von Breitbandinsektiziden, u. a. gegen Blattläuse. Dies hat zur Folge, daß gleichzeitig auch fast alle der wichtigen Blattlausfresser (»Prädatoren«) wie Marienkäfer (*Coccinellidae*), Schwebfliegen (*Syrphidae*) und Florfliegen (*Chrysopidae*) vernichtet werden. Durch eine veränderte Nutzung, Überdüngung sowie chemische und mechanische Einwirkungen ist die gesamte Fauna in ihrer Existenz bedroht. NENTWIG (1994) nennt hierfür in einer Analyse der kausalen Zusammenhänge die Landwirtschaft als den mit Abstand wichtigsten Verursacher.

Tierische Schädlinge der Kulturpflanzen treten in Mischbeständen weit weniger auf als in Reinkulturen. Die Ursache wird u. a. darin gesehen, daß manche Schädlinge Wildkräuter vorziehen und die Kulturpflanze erst befallen, wenn zu wenige Wildkräuter vorhanden sind. So befallen Springschwänze (*Collembola spp.*) die Zuckerrübenpflanzen erst, wenn ihre eigentliche Nahrungsgrundlage, die Wildkräuter, zu stark dezimiert ist (PETERS 1989: 103 f.).

Da Schadinsekten häufig eine schnellere Generationenfolge haben, können Nützlinge mit deren Vermehrungsrate nicht Schritt halten.

Nach dem Einsatz von Insektiziden sind Schadinsekten in der Lage, fast ungehindert neue Populationen aufzubauen, weil ihre natürlichen Gegenspieler dann meist gänzlich fehlen (WEISS und STETTMER 1991). Welche Rolle spielen nun die Wildkräuter in diesem Zusammenhang? Sie gewährleisten durch ihre Vielfältigkeit in der Landschaft ein fortwährendes Blütenangebot. Frühblüher werden von langblühenden Sommerpflanzen abgelöst, niedrige Bodendecker wechseln sich mit hohen, strukturgebenden Arten ab. Durch das Wachsen und permanente Blühen von Wildkräutern wird den Nutzinsekten ein fortwährendes Nahrungsangebot durch Nektar- und Pollenspender präsentiert. Ebenso leben an diesen Pflanzen eine Reihe von Schadinsekten, die nicht auf die Kulturpflanze übergehen und damit nicht schädigend wirken können, jedoch den Nützlingen wichtige Nahrung bieten (HOLTZ 1988). Diese erhalten so einen entscheidenden Entwicklungsvorsprung, um den später beginnenden Populationsaufbau der Blattläuse im Getreide zu bremsen oder gar zu unterdrücken (HEITZMANN et al. 1992).
Artenreiche Wildkrautbestände fördern auf dem Boden lebende Nützlinge wie Laufkäfer (*Carabidae*), Kurzflügelkäfer (*Staphylinidae*) und Spinnen (*Araneae*) durch ein ausgeglichenes Kleinklima in Bodennähe. Diese haben ihrerseits eine polyphage Ernährungsweise, sind also Allesfresser, und können nach der Bekämpfung einer Schädlingspopulation auf eine andere übergehen und somit einer erneuten Schädlingsvermehrung rechtzeitig entgegenwirken (HEYDEMANN 1983). Andere Nützlinge fressen Wildkrautsamen, so z. B. die Larven der Laufkäferart *Harpalus rufipes*. Als ausgewachsene Käfer gehören sie zu den wichtigsten Blattlausräubern.
Die Wildkrautpopulation bietet zahlreichen Spezies beste Möglichkeiten zur Überwinterung. Neben den Feldrainarten können ebenso die Ackerwildkräuter einen Beitrag dazu leisten. So wird durch den Erhalt und die Schaffung von Lebensräumen die Selbstregulationsfähigkeit im Ökosystem gestärkt. Folglich fungieren die Wildkräuter auch als Nutzpflanzen. In der folgenden Aufzählung sind deren mögliche positive Effekte im Zusammenhang mit Nutzinsekten dargestellt (verändert nach HESSE 1996):

- Frühblühende Wildkräuter locken mit ihrem Nektar- und Pollenangebot frühzeitig Nützlinge an.
- Wildkräuter bieten phytophagen Insekten Alternativnahrung zu Kulturpflanzen an.
- Phytophage Insekten dienen als Alternativbeute für Prädatoren und Alternativwirte für Parasitoide.
- Wildkräuter bieten Rückzugs- und Überwinterungshabitate für viele Nutzinsekten (Nutzarthropoden).

Das Kompartiment Boden

Auch wenn der Boden selber keinen Ertrag bringt, kommt ihm im Ökosystem allgemein und im Betriebsorganismus im besonderen doch eine zentrale Rolle zu. Er bietet den auf und in ihm wachsenden Pflanzen mehr als nur einen Standraum. Wie der detaillierten Darstellung in Tabelle 1 zu entnehmen ist, sollte ein physikalisch, chemisch und biologisch gesunder Boden angestrebt werden.

Betrachtungsebenen:	**Eigenschaften:**
»physikalisch« gesund	leicht bearbeitbar nicht verschlämmend nicht unterbodenverdichtet (tiefgründig) ausreichender Humusgehalt
»chemisch« gesund	optimaler pH-Wert optimaler PK-Laktatwert optimaler Mg- und Spurenelementgehalt keine toxischen Rückstände der Vorfrucht
»biologisch« gesund	hohe biologische Aktivität keine (wenig) Unkrautsamen keine Schädlinge keine Krankheiten

Tabelle 1: Eigenschaften eines gesunden Bodens (verändert nach Kahnt 1995)

Die Gesundheit des Bodens wird maßgeblich von dessen Belebung beeinflußt. Nach GISI et al. (1990) entfällt etwa die Hälfte der Biomasse im Boden auf unterirdische Pflanzenorgane, danach folgen Pilze (etwa 30 %), Bakterien (etwa 13 %) und mit deutlichem Abstand Regenwürmer (etwa 5 %) und andere Bodentiere. Bedingt durch ihre geringe Größe sind Mikroorganismen mit bis zu 10^9 Individuen in einem Gramm Boden vertreten. Sie besiedeln praktisch alle Bodenbereiche, treten jedoch gehäuft in der oberen Krume (Rhizosphäre) auf. Innerhalb der Bodenbiozönose übernimmt die Fauna oft sowohl die Rolle des Primärzersetzers als auch die des Regulators von Mikroorganismenpopulationen, während Mikroorganismen stark an Mineralisierungsprozessen beteiligt sind.

Die landwirtschaftliche Bodenbearbeitung dient der langfristigen Erhaltung und Verbesserung der Gesundheit und infolgedessen auch der Ertragsfähigkeit der Böden. Dem Anspruch des Bodenschutzes kann durch lebende Pflanzenmasse, Mulch oder durch einen biologisch stabil gekrümelten Oberboden Rechnung getragen werden. Neben dem Bodenverlust durch Erosion sollen aber auch der Nährstoffaustrag verhindert und das Bodenleben gefördert werden. Diesen Ansprüchen kann man nur durch eine zielkonforme Bodenbearbeitung gerecht werden. Diese Ziele werden in Tabelle 2 zusammengefaßt.

Oberziele	**Beteiligte Faktoren**
Bodenstruktur verbessern	Gesamtporenvolumen Anteil luftführender Poren Krümel-/Aggregatstruktur Bioporen (Kanäle abgestorbener Wurzeln)
Mineralstoffversorgung optimieren	Humushaushalt pH-Wert pflanzenverfügbare Nährstoffe
Schadfaktoren minimieren	bodensanierende, ertragsverbessernde Organismen bodenbürtige Schadorganismen wie – Pflanzenschädlinge (z. B. Nematoden) – Krankheiten (z. B. Kleekrebs, Kohlhernie) – Samenunkräuter, -ungräser und Wurzelunkräuter (z. B. Ackerfuchsschwanz, Distel, Quecke)

Tabelle 2: Allgemeine Ziele der Bodenbearbeitung (verändert nach Kahnt 1995)

Das Spektrum der Bodenbearbeitung reicht vom Wenden des Bodens in vielen Arbeitsgängen mit klassischen Geräten bis hin zu minimaler, konservierender Bodenbearbeitung durch den Einsatz von hochentwickeltem technischem Know-how. Die intensive Bearbeitung führt zu hohen Umsetzungen durch die Tätigkeit von Mikroorganismen und kann damit bodensanierend wirken. Jedoch gehören auch der Aufbau organischer Masse und die Ruhe zur Pflege des Bodens. Folglich muß das Bodenbearbeitungssystem (Technik, Zeitpunkt, Tiefe und Häufigkeit) in den individuellen Betriebsablauf eingepaßt werden.

Ackerbauliche Möglichkeiten zur Reproduktion der Bodenfruchtbarkeit

Zumindest in Teilen der landwirtschaftlichen Praxis, die im folgenden näher erläutert werden, versucht man, durch eine Mehrgestaltigkeit der Flächen der Vereinheitlichung der Landschaft entgegenzuwirken. Allein schon aus betrieblichen Erwägungen heraus leistet die Landwirtschaft dazu einen Beitrag. So ist das Prinzip der Fruchtfolge zu nennen, durch die zumindest großräumig eine Differenzierung der ackerbaulich genutzten Flächen erfolgt.
Ein hier nicht weiter erläutertes Produktionssystem ist das *living mulch system*. Mittels Frässaat wird in einen wachsenden Pflanzenbestand eine Kultur in schmalen Bändern ausgebracht. Mit der genannten Technik versucht man, die Qualitäten von Mischkultursystemen zu erreichen. Die traditionell bekannten landschaftsstrukturbildenden Elemente sind in der jüngeren Vergangenheit durch mehrjährige Wildkrautstreifen in den Flächen bzw. Ackerrandstreifen ergänzt worden. In den folgenden Unterkapiteln werden einige Ansätze zur Reproduktion der Bodenfruchtbarkeit vorgestellt, die zur Bereicherung des Akkers durch größere Artenvielfalt beitragen.

Zwischenfrüchte

Das Hauptmerkmal des Zwischenfruchtanbaus besteht darin, daß er zwischen der jährlichen Nutzung der Fläche durch eine Hauptkultur erfolgt. Weiterhin soll er den jährlichen Hauptfruchtbau nicht einschränken, sondern ihn fördern. RÜBENSAM (1964) weist nach, daß Zwischenfrüchte in den Folgekulturen Mehrerträge bringen. So bewirkt der Anbau von Leguminosenzwischenfrüchten Ertragssteigerungen in der ersten und zweiten Nachfrucht.[2] Nach ALVERMANN (1995) hat der Zwischenfruchtbau drei Oberziele:

- Aufbau des Vorfruchtwertes
- Umbau des Vorfruchtwertes in Erträge
- Abbau des Wurzelunkrautdrucks

KLAPP (1967: 583 ff.) unterscheidet grundsätzlich den Anbau von Untersaaten, im Herbst abfrierenden Sommerzwischenfrüchten und winterharten Zwischenfrüchten. Außer bei der Verwertung als Viehfutter kann aus dem Zwischenfruchtbau kein unmittelbarer Nutzen gezogen werden. Der Anbau von Zwischenfrüchten verursacht sowohl Arbeitsaufwand als auch Kosten. Während die Untersaat bereits mit dem Getreide bzw. in den wachsenden Bestand ausgebracht wird, muß die Ansaat der Stoppelsaatmischungen sehr bald nach der Ernte der Hauptfrucht erfolgen, damit der Zwischenfrucht vor Winteranfang noch eine genügend lange Vegetationszeit verbleibt. Genauere Angaben zu den Arten, deren Leistungen, Aussaatterminen und -stärken sind u. a. bei GEISLER (1988: 417 ff.) nachzulesen.
Auf sandigen und/oder trockenen Standorten kann die Gefahr der ungenügenden Wasserversorgung bzw. der Konkurrenz um Wasser mit der folgenden Hauptfrucht entstehen. Dennoch gibt es viele gute Gründe, die für eine Integration von Zwischenfrüchten in die Fruchtfolge sprechen. Im folgenden werden mögliche Leistungen detailliert dargestellt (verändert nach HERRMANN und PLAKOLM 1991: 251 f.):

- Eine rasche Begrünung des Bodens zwischen zwei Hauptkulturen verhindert schädigende Einflüsse durch Bodenerosion, Nährstofauswaschung und Austrocknung. Die bessere Regenverdaulichkeit und die verringerte Verschlämmungsneigung durch Bewuchs stabilisieren die Bodenstruktur und erhöhen die Tragfähigkeit des Bodens.
- Bodenlockerung und Saatbettbereitung zur Stoppelzwischenfrucht schaffen nicht nur für die angesäte Mischung gute Auflaufbedingun-

gen, sondern auch für ausgefallenes Erntegut der Hauptfrucht und für die Wildkräuter. Bei zügigem Wachstum und der Entwicklung dichter Zwischenfruchtbestände ergibt sich eine wirksame Wildkrautkonkurrenz.

- Der Zwischenfruchtbau belebt den Boden. Eine besonders intensive Wirkung wird durch die Kombination verschiedener Zwischenfruchtpflanzen erreicht. Jede Pflanze entwickelt ein ihr typisches Wurzelsystem, mit dem sie verschiedene Bodenzonen erschließt. Sie sondert über die Wurzeln spezifische Stoffe ab und tritt so in Kontakt zum Bodenleben. Je vielfältiger der Bewuchs, um so reicher sind die Entwicklung des Bodenlebens und die Wirkung der dadurch hervorgerufenen Regulationseigenschaften.
- Der Zwischenfruchtbau unterstützt die Lebendverbauung des Bodens durch feinstverteilte Wurzeln und reichert den Boden mit organischer Substanz an. Neben der verstärkten Nährstoffnachlieferung durch Aktivierung des Bodenlebens und der direkten Stickstoffsammlung durch Leguminosen kommt es auch zu einer stärkeren Mineralisation von Nährstoffen für die Folgefrüchte und somit zu einer Verbesserung der Humusbilanz.
- Unterstützt durch eine vorangegangene mechanische Bodenlokkerung, schließen die Zwischenfruchtpflanzen mit ihren Pfahlwurzeln auch tieferliegende Bodenschichten auf und tragen zur Lokkerung des Bodengefüges und zur Nährstoffmobilisierung bei.
- Ein vielfältiger oberirdischer Aufwuchs bietet durch seine verschiedenen Wuchsformen und Blüten Lebensraum und Nahrungsangebot für Lebewesen vieler Arten.
- Manche Zwischenfruchtarten vermindern den Krankheits- und Schädlingsbefall der Kulturpflanzen. Durch die stärkere Belebung des Bodens wird der Abbau von Krankheitserregern gefördert. Antibiotisch wirkende Stoffe, die im Boden entstehen, tragen dazu bei; sie werden als »antiphytopathogenes Potential« bezeichnet.
- Durch Exsudate bestimmter Pflanzen können Nährstoffe aus dem Bodensubstrat mobilisiert werden. Diese werden allgemein durch

Fixierung in organischen Verbindungen vor dem Verlust durch Austrag bewahrt.

- Einige Zwischenfruchtpflanzen dienen zur Futternutzung. Zu diesem Zweck sollten sie möglichst vielfältig zusammengesetzt sein.

Für die Untersaat steht eine breite Palette von Gräsern und Kleearten zur Verfügung (GEISLER 1988: 420–421). Im allgemeinen besteht bei diesen die Gefahr, daß sie entweder aus Gründen der Konkurrenz mit der Kulturpflanze (insbesondere um die Beschattung) nicht ausreichend gedeihen oder aber letztere überwachsen und damit zu wirtschaftlichem Schaden führen. Auch ist bei nur eingeschränkt möglicher Bestandespflege eine stärkere Verunreinigung der Untersaat durch Wildkräuter zu befürchten, jedoch kann diese im Zweifel noch nach der Getreideernte umbrochen werden. »... überhaupt ist zu berücksichtigen, daß ausgedehnter Untersaatbau zu stärkerer Verqueckung beiträgt« (KLAPP 1967: 584).
Für den Anbau sollten daher möglichst niedrigwüchsige Arten und Sorten gewählt werden, die eine geringe Konkurrenzkraft haben. Sehr vorteilhaft bei dem Verfahren sind die geringen Aussaatstärken, wenige Arbeitsgänge sowie das früh einsetzende Massenwachstum direkt nach der Getreideernte.
Für den Anbau von Sommerzwischenfrüchten als Stoppelsaat kommt eine ganze Reihe von Kulturen in Frage (GEISLER 1988: 420–421, SATTLER und WISTINGHAUSEN 1985: 150–151). Grundsätzlich bedürfen Leguminosen eines hohen Saatgutaufwandes. Nicht-Leguminosen müssen gut mit Stickstoff versorgt werden. Ein Vorteil der Stoppelsaat besteht darin, daß gegenüber der Untersaat eine Wildkrautbekämpfung durch Stoppelbearbeitung möglich ist. Des weiteren sind eine frühreifende Vorfrucht sowie schnelle, sorgfältige und aufgangsfördernde Bestellung für das Gelingen der Zwischenfrucht in der verbleibenden Vegetationszeit sehr wichtig. Der zeitliche Aufwand während der Arbeitsspitze ist nachteilig zu bewerten.

Das Verfahren des Winterzwischenfruchtbaus dient häufig der Futtergewinnung und wird dort meistens mit folgenden Arten betrieben: Raps (*Brassica napus*), Rübsen (*Brassica rapa*), Roggen-Zottelwicke sowie Landsberger Gemenge (bestehend aus Zottelwicke – *Vicia villosa* –, Inkarnatklee – *Trifolium incarnatum* – und Welschem Weidelgras – *Lolium multiflorum*). Wegen des hohen Wasserverbrauchs und des Erntetermins im späten Frühjahr muß bei dem Anbau dieser Arten auf die geplanten Nachfrüchte und deren Ansprüche Rücksicht genommen werden.

Gemengeanbau

Gemengesaaten lassen sich in zwei Kategorien einteilen: Sie können sowohl für die reine Futternutzung (Klee-Gras-Gemenge) als auch für Druschzwecke (Getreide-Körnerleguminosen-Gemenge) genutzt werden. In jedem Fall müssen die Mischungspartner zueinander passen und im richtigen Verhältnis ausgesät werden. Tabelle 3 soll einen Überblick über mögliche Auswirkungen von Gemengesaaten geben.

Die in der Tabelle angeführten Nachteile sind eher potentieller Natur. Sie können zwar zum Tragen kommen, werden aber in den meisten Fällen durch die positiven Effekte des Gemengeanbaus überlagert. Eine wesentliche Ursache dafür, daß die möglichen Nachteile in der landwirtschaftlichen Praxis häufig im Vordergrund stehen, liegt in der einseitigen Entwicklung der Landwirtschaft und der daraus resultierenden chemisch-technischen Anbauverfahren.
Die Vorteile des Gemengeanbaus treten weder direkt in Form einer Ertragssteigerung noch in Form eines Ertragsabfalls (SIEBENEICHER 1993: 198) in Erscheinung, machen sich jedoch durch nachhaltige Effekte im Laufe der Fruchtfolge bemerkbar. Selbst Marginalstandorte können mit diesem Verfahren noch produktiv genutzt werden. So schreibt SIEBENEICHER (1993: 199): »Beispielsweise gedeiht die Luzerne in einem Luzerne-Gras-Gemenge noch in Grenzlagen, in denen sie als Reinbestand nicht mehr befriedigend gedeihen würde.«

Betrachtungsebene	Bemerkung	Vorteil	Nachteil
Boden als Wurzelraum	Flachwurzler, Tiefwurzler, Büschelwurzler, Pfahlwurzler	verschiedene Wurzelsysteme nutzen den Boden als Nährstoffspeicher besser aus	Konkurrenzsituation bei hohen Bestandesdichten
Bodenleben (Edaphon)	Pilze, Bakterien und Bodentiere »verstoffwechseln« und betreiben durch Ausscheidungen Bodenaufbau	verschiedenartige Exsudate und Pflanzenrückstände fördern artenreiche Besiedlung	auf eine Kulturart fixierte Organismen sind im Wachstum durch unterschiedliches Milieu begrenzt
Nährstoffversorgung	aktive Nährstoffmobilisierung durch Exsudate (SCHELLER 1991)	Mobilisierung von Nährstoffen durch unterschiedliche Arten	gegenseitige Wuchsbehinderungen durch Wurzelausscheidung
Stickstoffversorgung	Luftstickstoffixierung durch Symbiose mit Knöllchenbakterien	Leguminosen bringen Luftstickstoff in den Bestand ein	Selbstverträglichkeitsprobleme
Wasser, Licht und Raum	aufrechte und kriechende Stengel, hohe und niedrige Pflanzen	Verschiedene Sproßsysteme nutzen das Angebot besser aus	Konkurrenzsituation bei unausgewogenem Wachstumsverhältnis
Insekten	keine direkte Steuerung möglich	Langanhaltendes Blütenangebot fördert Nützlinge	Etablierung von Schadinsekten durch breites Angebot
Pflanzengesundheit	stark abhängig von (Zusammensetzung der) Arten	aufgrund größerer Abstände in einer Art geringererer Pilzdruck	durch günstiges Milieu auch verstärkter Pilzdruck möglich
Wildkräuter	kein Selektionsdruck in Richtung Problemwildkräuter	Höhere Konkurrenzkraft der Kultur durch bessere Beschattung	nur eingeschränkte Pflegemaßnahmen möglich
Allelochemikalien	bisher wenig untersucht	fördernde Wachstumsbedingungen	hemmende Einflüsse auf die Entwicklung

Tabelle 3: Vor- und Nachteile von Gemengensaaten

Mischkulturen im internationalen Maßstab (*Intercropping*)

Dem Prinzip des Fruchtwechsels wird in Mitteleuropa durch die Fruchtfolge Rechnung getragen, d. h. durch das Miteinander der Kulturen in der zeitlichen Dimension. Genauso läßt sich der Fruchtwechsel jedoch auch durch Mischkulturen, also die räumliche Anordnung der Pflanzen zueinander, realisieren. Der gleichzeitige Anbau mehrerer Hauptkulturen auf einem Schlag ist in hiesigen Breiten in der Praxis allerdings nicht üblich. Hier kann ein Blick über den Tellerrand der einheimischen landwirtschaftlichen Erzeugung den Horizont erweitern.
In weiten Teilen der Tropen und Subtropen ist das *Intercropping*, ein Mischanbau von mehreren Früchten, ein verbreitetes Anbausystem. Auch im Bereich des biologischen Gartenbaus sind die Vorzüge von gemeinsam wachsenden Pflanzen bekannt (HOWARD 1992, KREUTER 1981: 91 ff.). Hier wie dort sind einfache organisatorische Strukturen, kleine Flächen und intensive Handarbeit charakteristisch. Im Gegensatz dazu tendiert die hiesige Landwirtschaft zur Bewirtschaftung sehr großer Flächen mittels Hochtechnologie und ist in weiten Teilen auf wenige Kulturarten spezialisiert.
Unter der Voraussetzung, daß genügend Wasser zur Verfügung steht und die Wachstumsperioden lange andauern, können mit dem Mischkultursystem in den Tropen und Subtropen viele Vorteile erzielt werden (verändert nach LEIMKÜHLER 1984: 16 f.):

- Die Ausnutzung der Wachstumsfaktoren Licht, Wasser, Nährstoffe erfolgt in effizienterer Weise.
- Ertragsstabilität und Einkommenssicherheit werden erhöht.
- Die Erhaltung der Bodenfruchtbarkeit wird durch Erosionsschutz und geringere Nährstoffauswaschung verbessert.
- Insgesamt werden bei den Kulturen höhere Erträge und wachsende Flächenproduktivität erzielt.
- Eine kontinuierliche und gleichzeitig abwechslungsreiche Versorgung mit Nahrungsmitteln ist gesichert.
- Arbeitskraftpotentiale können voll genutzt werden.

- Zwischen den Pflanzenarten sind positive Wechselwirkungen möglich (Stickstoffangebot durch Leguminosen, Stütz- und Schutzfunktion, Beschattung, Veränderung des Mikroklimas).

Insgesamt können der Befall der Kulturpflanzen durch Krankheiten und Schädlinge sowie der Wildkrautdruck durch Mischanbau gesenkt werden. So ist z. B. bekannt, daß Mischkulturen in unterschiedlicher Weise auf die Populationsdynamik von Insekten wirken. Sie können die Besiedlung eines Feldes wie auch die anschließende Entwicklung und Mortalität einer Schädlingspopulation beeinflussen. Für viele Insekten ist beispielsweise eine gleichmäßige grüne Pflanzendecke weniger attraktiv als einzelne grüne Pflanzen auf braunem Grund. Da die Bodenbedeckung bei Mischkulturen schneller erfolgt als bei Reinkulturen, kann die Zuwanderung von Insekten eingeschränkt werden. Erfolgt die Zuwanderung dagegen nicht über visuelle, sondern über geruchliche Effekte, so kann das Zwischenpflanzen stark riechender Pflanzen wie Tomaten, Tabak oder Zwiebeln die Besiedlung erfolgreich behindern. Zudem ist eine Ablenkung der Schadinsekten auf Nebenwirte, wo sie weniger ökonomischen Schaden anrichten, möglich.

Neben der Besiedlung beeinflussen Mischkulturen auch die Verteilung von Schadinsekten im Feld. Nichtwirte können wie eine Barriere wirken, die eine Ausbreitung verhindert. Eine verringerte Ausbreitung kann aber auch schon durch einen größeren Abstand zwischen den Wirtspflanzen bewirkt werden, der zu einer höheren Mortalität von Larven bei der Wirtssuche führt. Ein größerer Pflanzenabstand ist ökonomisch nur sinnvoll, wenn er durch andere Kulturen ausgefüllt wird (STEINER 1982). Je nach Standort und Kulturen besteht auch die Gefahr gegenteiliger Effekte. Mögliche negative Auswirkungen des Mischanbaus werden im folgenden benannt (verändert nach LEIMKÜHLER 1984: 16 f.):

- Eine mechanische kulturartenspezifische Bestandspflege ist kaum durchzuführen.

- Es kommt zu Ertragsdepressionen aufgrund der Konkurrenz um Wachstumsfaktoren, insbesondere Wasser.
- Die Pflanzen wurden im Hinblick auf Reinkulturen gezüchtet; im Mischanbau können Sorten mit starken Ertragseinbußen reagieren.
- Mangelnde Mechanisierbarkeit führt zu einem hohen Arbeitskräftebedarf.
- Wegen mikroklimatischer Veränderungen treten Krankheiten oder Schädlinge verstärkt auf.

Inwieweit sich die positiven Effekte des Mischanbaus auch flächendekkend auf die Landwirtschaft übertragen lassen, kann an dieser Stelle nicht geklärt werden. Oft sind die Schwierigkeiten der Organisation und der Anbautechnik in der landwirtschaftlichen Praxis so groß, daß trotz hinreichender Ideen eine praktische Umsetzung nicht oder nur spärlich erfolgt. Als Voraussetzung für eine praktische Umsetzung wäre eine systematische Untersuchung der Faktoren Pflanzendichte und -sorte, Saatzeitpunkt, Wechselwirkungen im Boden und auch zwischen den Pflanzen und Schädlingen sowie Düngungseffekte erforderlich.

»Das Unmögliche verlangen,
um das Machbare zu erreichen.«
Helmuth von Moltke

3. Vorstellung von vier innovativen Ansätzen

Getreideanbau auf Sandboden – viehlos und ohne Brache (Betrieb Stute)

Betriebsspiegel

Bei diesem Betrieb handelt es sich um einen viehlosen Akkerbaubetrieb 45 Kilometer nordwestlich von Hannover, der von Joachim Stute bewirtschaftet wird. Zur Betriebsfläche gehören 60 ha Ackerland sowie 17,5 ha Waldfläche. Alle Flächen sind voll arrondiert und liegen auf einer Höhe von 48 m ü. NN. Die durchschnittliche Schlaggröße beträgt 5,5 ha.
Der Boden ist während der letzten Eiszeit als Grundmoräne entstanden, dementsprechend ist der Untergrund teilweise sehr sandig. Die flachgründige Krume besteht aus Sand und lehmigem Sand und ist mit durchschnittlich 34 Bodenpunkten bewertet (21–39 BP). Die Hälfte der Flächen weist einen starken Steinbesatz auf. Im langjährigen Mittel fallen 750 mm Niederschlag, die Verteilung ist jedoch ungünstig. Häufig tritt Frühjahrstrockenheit auf. Über eine Beregnungsanlage können alle Flächen bewässert werden. Im Jahresmittel beträgt die durchschnittliche Temperatur 8,4 °C. Wegen der angrenzenden Moore und der Lage in einer Sinke ist etwa die halbe Betriebsfläche spätfrostgefährdet.
J. Stute bewirtschaftet seinen Ackerbaubetrieb im Vollerwerb. Zur Zeit der Getreidebestellung, in der Phase des Hackens und des Untersaatausbringens sowie der Ernte sind jeweils zweiwöchige Arbeitsspitzen zu bewältigen. Während dieser Zeit arbeitet sein Bruder im Familienbetrieb mit, so daß insgesamt 1,5 AK beschäftigt sind. J. Stute ist gelernter Landwirt und heute 38 Jahre alt. Er hat bereits als Jugendlicher viel auf dem elterlichen Hof mitgearbeitet. 1989 hat er den Betrieb von seinem

Vater übernommen und sofort auf ökologische Wirtschaftsweise nach den Richtlinien von Bioland umgestellt. Er baut ausschließlich Getreide an, das er über den Großhandel vermarktet.

Getreideaussaat

Im Betrieb werden Roggen (20 %), Weizen (55 %) und Hafer (10 %) angebaut. Des weiteren ist im Rahmen der konjunkturellen Flächenstillegung ein Flächenanteil von 15 % stillgelegt worden, der in die Fruchtfolge integriert ist.[3] Der Hafer wird ausschließlich als Frühjahrskultur gesät. Roggen findet sowohl als extreme Frühsaat wie auch als Winter-Spätsaat Verwendung. Der Weizen schließlich ist als Winterung früh und spät sowie als Sommerung anzutreffen.
Das Saatgut wird zugekauft und in den meisten Fällen einmal nachgebaut. Gesät wird mit einem 30-kW-Hinterradschlepper und einer selbst umgerüsteten Säbelschar-Drillmaschine; sie wurde auf 4,86 m verbreitert. Durch das Schließen bzw. Umhängen von Scharen können unterschiedliche Reihenweiten ausgesucht werden. Neben der Variante mit einer konstanten Reihenweite von 27 cm sät J. Stute das Getreide häufig in Doppelreihen mit einem Abstand von 54 cm. In Tabelle 4 sind die verschiedenen Verfahren dargestellt, die im Betrieb zur Anwendung kommen.

Art	**Saatzeitpunkt**	**Saatstärke** (kg/ha)	**Reihenweite** (cm)	**Sorte (und Eigenschaften)**
Winterroggen	Mitte Aug. Ende Jan.	60 80	27/54 od. 27 27/54	Motto; großes Korn, stabiler Halm
Winterweizen	Mitte Aug.	100	27/54 od. 27	Bussard, Astron; E- und A-Sorten
Wechselweizen	Ende Jan. Mitte März	140 140	27/54 27/54	Ralle, Hanno; E- und A-Sorten
Sommerhafer	Anfang März	100	27/54	Alfred, Adamo

Tabelle 4: Systematik zur Aussaat der Getreidearten im Betrieb Stute

ugekauft und in den meisten Fällen einmal nachgebaut. Gesät wird mit einem 30-kW-Hinterradschlepper und einer selbst umgerüsteten Säbelschar-Drillmaschine; sie wurde auf 4,86 m verbreitert. Durch das Schließen bzw. Umhängen von Scharen können unterschiedliche Reihenweiten ausgesucht werden. Neben der Variante mit einer konstanten Reihenweite von 27 cm sät J. Stute das Getreide häufig in Doppelreihen mit einem Abstand von 54 cm. In Tabelle 4 sind die verschiedenen Verfahren dargestellt, die im Betrieb zur Anwendung kommen.
Bei den Frühsaaten (August) kann es trockenheitsbedingt zu Terminverschiebungen kommen. Die dünnen Saatstärken ermöglichen eine gute vorwinterliche Entwicklung der Einzelpflanzen. Spätsaaten (Januar) können vor allem durch Nässe und Frost behindert werden. Die hohen, dort verwendeten Saatstärken sollen die schwierigen Keimbedingungen ausgleichen sowie dem Schaden durch Vogelfraß entgegenwirken.

Begleitpflanzen

Die großen Reihenabstände bieten die Möglichkeit, Mitte bis Ende April eine Untersaat zwischen den Reihen zu säen. Nachdem die junge Getreidekultur mit einer Reihenhacke zwei- bis dreimal in sieben- bis zehntägigem Abstand gehackt worden ist, wird eine vielfältige Artenmischung ausgebracht (siehe Tabelle 5). Die dafür benötigten Sämereien werden vom Saatguthandel gekauft. Das Gemenge kann sich während des Frühjahres aufgrund der Standraumverhältnisse gut entwikkeln (siehe Abbildung 1). In diesem Zusammenhang kommt dem Boden eine ganz zentrale Rolle zu. Folgende Ziele strebt J. Stute mit der Untersaat an:

- Bindung von Stickstoff aus der Luft
- gute Durchwurzelung und Durchlüftung des Bodens
- Erschließung des Unterbodens
- Ernährung der Bodenlebewesen

Deutscher (botanischer) Name	**Aussaatstärke** (kg/ha)	**Anteil in der Mischung** (%)
Welsches Weidelgras (*Lolium multiflorum*)	0,17	1,52
Knaulgras (*Dactylis glomerata*)	0,25	2,28
Schwedenklee (*Trifolium hybridum*)	0,84	7,60
Rotklee (*Trifolium pratense*)	1,42	12,93
Inkarnatklee (*Trifolium incarnatum*)	0,17	1,52
Alexandrinerklee (*Trifolium alexandrinum*)	0,33	3,04
Perserklee (*Trifolium resupinatum*)	0,33	3,04
Gelbklee (*Medicago lupulina*)	0,42	3,80
Luzerne (*Medicago sativa*)	1,25	11,41
Buschbohne (*Phaseolus vulgaris*)	0,70	6,39
Bitterlupine (*Lupinus luteus*)	0,84	7,60
Gelbsenf (*Sinapis alba*)	0,08	0,76
Ölrettich (*Raphanus sativus*)	0,08	0,76
Sommerraps (*Brassica napus*)	0,08	0,76
Spinat (*Spinacia oleracea*)	0,17	1,52
Seradella (*Ornithopus sativus*)	3,18	28,90
Phacelia (*Phacelia tanacetifolia*)	0,17	1,52
Sonnenblume (*Helianthus annuus*)	0,25	2,28
Buchweizen (*Fagopyrum esculentum*)	0,17	1,52
Malve (*Malva neglecta*)	0,05	0,46
verschiedene Kräuter	0,04	0,38
Summe	**11,00**	**100,00**

[1]Quelle: VON FRAGSTEIN, schriftliche Mitteilung, 1996

Tabelle 5: Untersaatmischung für die Frühjahrsaussaat im Betrieb Stute 1

Abbildung 1: Winter-Weizenschlag mit dem Reihenabstand 27/54 cm und einer Frühjahrsuntersaat im Betrieb Stute, am 12.07.1995.

- Unterdrückung der Wildkräuter
- Unterdrückung von Fruchtfolgeschädlingen
- Bodenbedeckung nach der Ernte

Um diese Ziele zu erreichen, werden viele Komponenten in die Untersaatenmischung hineingegeben. Insgesamt beträgt die Saatstärke 11 kg je ha. Eine Standardmischung ist in Tabelle 5 aufgeführt.
Das Hacken zwischen den Getreidereihen dient der Belüftung des Bodens und der Wildkrautregulierung. Durch das hiermit zusammenhängende verzögerte Ausbringen der Untersaat bekommt das Getreide einen Wachstumsvorsprung, den es bis zur Reife des Korns beibehält (siehe Abbildung 2).
Über die Mischung der Untersaat, den Abstand der Reihen und die unterschiedlichen Aussaattermine wird der Bestand »geführt«. Je nachdem, wie die äußeren Wachstumsfaktoren wirken, kommen einige Mischungspartner mehr und andere weniger zur Geltung. Die Vielfäl-

tigkeit in der Mischung ist die »Versicherung«, daß sich immer ein guter Bestand etabliert.[4] Dennoch können im System Probleme auftreten. Wenn das Getreide nicht gesund ist, kann z. B. Sommerraps zu üppig werden und so die Ernte behindern. Gräser in der Mischung können im Verhältnis zum Klee zu stark werden. Phacelia (*Phacelia tanacetifolia*) wächst möglicherweise zu zügig und kann gegenüber dem Getreide als Stickstoffkonkurrent auftreten. Auf der anderen Seite ist z. B. der Weißklee[5] in seiner Entwicklung viel zu langsam, und Seradella steht oft überhaupt nicht im Bestand.

Abb. 2: Frühgesäter Winter-Roggen mit dem Reihenabstand 27/54 cm und einer Frühjahrsuntersaat im Betrieb Stute am 12.07.1995.

Temperaturverläufe, Belichtung und Wasserangebot führen zu unterschiedlichen Dominanzen einzelner Arten. Wie der Betriebsleiter beteuert, könne man die Entwicklung nicht gezielt steuern, daher lautet sein Rat: »Einfach eine vielfältige Mischung nehmen – der Rest ergibt sich von selbst.« Aufgrund der Absicherung des Wasserangebotes über Beregnung ist nicht zu befürchten, daß die Untersaat mit dem Getreide um Wasser konkurriert. In den über einen langen Zeitraum hinweg blühenden Beständen ist stets eine Nutzinsektenpopulation anzutreffen. Zum Problem können Vogel- und Drahtwurmfraß werden, die verschiedentlich zu Ausdünnungen der Saaten geführt haben. Wird das Wild-

kraut einmal zu stark, so werden die Bestände zwischen den Getreidereihen mit den Schlepperreifen niedergefahren. Des weiteren sieht der Betriebsleiter eine falsche Bodenbearbeitung als Ursache für Störungen im Pflanzenwachstum. Insbesondere konnte sich auf verschiedenen Schlägen die Quecke ausbreiten, die nun gezielt bekämpft wird. Eine weitere Herausforderung sind die Mäuse, die den Boden nach der Getreideernte in großer Anzahl bevölkern, in bereits bestellte Nachbarschläge übersiedeln und dort erheblichen Schaden in der Kultur anrichten.
Neben der Quecke (*Agropyron repens*) nennt J. Stute das Akkerstiefmütterchen (*Viola arvensis*), den Vogelknöterich (*Polygonum aviculare*), den Acker-Hohlzahn (*Galeopsis ladanum*), das Hirtentäschelkraut (*Capsella bursa-pastoris*), den Windenknöterich (*Fallopia convolvulus*) und die Vogelmiere (*Stellaria media*) als standorttypische und zum Produktionssystem gehörende »Unkräuter«. Sie begleiten die Kulturen und werden konsequent durch verschiedene Maßnahmen der Bodenbearbeitung und durch das Aussäen von konkurrierenden Untersaaten bekämpft.

Getreideernte

Zwischen Früh- und Spätsaaten ist ein Reifeunterschied von etwa zehn Tagen festzustellen. So werden die frühen Bestände bereits Ende Juli geerntet. Bedingt durch die hohen Winterniederschläge in den Jahren 1994 und 1995 ist der durchschnittlich über alle Kulturen erzielte Ertrag von 30 dt/ha eher niedrig. 1993 konnten 38 dt/ha geerntet und verkauft werden.[6]
Der eigene Mähdrescher wird so gefahren, daß der Schneidtisch das Erntegut zwischen der grünen Untersaat und den Ähren, also etwa auf 0,3 bis 0,6 m Höhe über dem Boden, abtrennt. Die Untersaat in der stehenden Stoppel wächst bis zum Winter weiter. Sie wird im Laufe der kalten Jahreszeit von den Feldmäusen »niedergefressen«.
Das Erntegut wird im Flachlager nach Bedarf warm- bzw. kaltluftgetrocknet. Anschließend erfolgt eine Vorreinigung über Siebe der eige-

nen Anlage. Mit einem 33-kW-Saug-Druck-Gebläse wird es in Boxen geblasen und bis zum Verkauf im Winter dort gelagert.
Die Qualitäten des Getreides sind sehr gut. J. Stute baut ausschließlich E- und A-Weizensorten an und erzielt, über alle Jahre gemittelt, Rohproteingehalte von 11–13 % in der Trockensubstanz der Frucht.[7] Durch die Untersaat kann sehr viel Stickstoff gesammelt und während der Vegetationsperiode sowie in den Folgejahren als synthetisiertes Eiweiß ins Getreidekorn eingelagert werden. Da eine Trocknung vorhanden ist und die in der Ernte noch grüne Untersaat die Getreidefeuchte negativ beeinflußt, ist das Dreschen mit vom Betriebsleiter angestrebten Feuchtigkeitsgehalten von unter 14 % kaum möglich. So wird zur Qualitätssicherung der Ernte ein früher Zeitpunkt zum Mähen gewählt, und es werden relativ hohe Nachtrocknungskosten in der betriebseigenen Anlage in Kauf genommen.

Fruchtfolge und Nährstoffe

Insgesamt weist der Betrieb konstante und seit der Umstellung teilweise steigende pH-Werte auf. Lediglich auf Teilflächen ist in der Vergangenheit geringfügig gekalkt worden. Im übrigen wird kein Dünger von außen zugeführt. Die Werte für alle Grundnährstoffe haben sich im Zeitraum der letzten zehn Jahre nicht wesentlich verändert.[8]
Bei konjunktureller Flächenstillegung im Umfang von 10–15 %, Getreide als einziger Hauptfrucht und einem Anteil von 55 % Weizen auf den Schlägen ist es schwer und bei entsprechender Untersaat auch gar nicht nötig, eine Fruchtfolge zu gestalten. Als einziges Prinzip gilt, daß auf Hafer immer Weizen folgt. Ansonsten bestimmen die Nachfrage am Markt und die daraus resultierenden Preise die Anteile der Kulturarten.

Bodenbearbeitung

Im Mittelpunkt aller Aktivitäten steht der Boden. Nur wenn dieser gesund und fruchtbar ist, gibt es auch nachhaltig gute Erträge. Folglich sind der Aufbau von Humus und die Bodenpflege die wichtigsten Ziele in der Bewirtschaftung.

Grundsätzlich wird direkt vor der Aussaat auf 18–20 cm Tiefe mit einem 56-kW-Hinterradschlepper und einem Vierschar-Beetpflug gepflügt. Zur Verringerung von Bodenverdichtungen wird außerhalb der Furche gefahren. Dem Gespann läuft eine Egge zur Saatbettbereitung nach, so daß im nächsten Arbeitsgang ausgesät werden kann. Vorbereitende Arbeiten sind ebenfalls nicht notwendig, da der Pflug die Pflanzenmasse gut einarbeitet. Bei den Spät- und Frühjahrssaaten ist die Getreidestoppel sehr mürbe, die Untersaat abgefroren und größtenteils von den Mäusen »eingearbeitet«.

Neben dem Hacken in den Beständen ist die Queckenbekämpfung die einzige weitere bodenbearbeitende Maßnahme. Auch dort werden unkonventionelle Wege gegangen. Zu gutem Erfolg im Jahre 1995 führte die Abfolge: Fräsen, Fräsen, Schälen, Roggensaat als Zwischenfrucht und Hacken in den Reihen. J. Stute erschien dieses Vorgehen jedoch zu aufwendig, und er plant nun folgende Strategie: einmaliges Fräsen Ende September, danach eine Roggenaussaat von 200 kg/ha[9] und anschließendes Pflügen im Frühjahr.

Ökonomie

Getreidebau ist der einzige Betriebszweig. Demzufolge ist der Betrieb in einem hohen Maße vom Gelingen und Verkaufen dieser Kulturen abhängig. Eine zusätzliche Einnahme kann über die Verpachtung der vorhandenen Milchquote erzielt werden. Bei der derzeitigen agrarpolitischen Situation machen die Beihilfen je nach Marktlage und Erntemenge 60–90 % des Gewinns aus.[10] Fraglich bleibt, wie sich eine Änderung der Rahmenbedingungen, d. h. eine Reduktion der Stützungsmaßnahmen, auf den Betrieb und dessen Reaktionsvermögen auswirkt. Derzeit kann die Existenz der Familie über die Einkünfte gut abgesichert werden. Die besondere Philosophie des Betriebsleiters besteht darin, die Investitionskosten gering zu halten. Es werden viele Maschinen gebraucht gekauft, in Eigenleistung umgebaut und instand gehalten.

Ausblick

Ziel ist es, mit der beschriebenen Anbaumethode 50 dt/ha Getreide zu ernten, also einen intensiven Ackerbau zu betreiben. Unter anderem sollen in Zukunft auch Erfahrungen mit höheren Anteilen von Luzerne in den Mischungen gesammelt werden, wodurch nach Ansicht des Betriebsleiters der Unterboden erschlossen wird und die Nährstoffe an die Oberfläche befördert werden. Genau an diesem Punkt besteht seiner Meinung nach Handlungsbedarf für die Forschung:

- Humushaushalt und -qualität
- Aktivitäten der Bodenlebewesen, insbesondere der Regenwürmer
- Stickstoffflüsse und -steuerung

Getreidevermehrung – ohne Pflug und ohne Tiefenlockerung (Betrieb Braun)

Betriebsspiegel

Der Betrieb von Irene und Joseph Braun liegt 25 Kilometer nördlich von München. Er hat eine Größe von 45 ha LN, mit je 30 ha Ackerland und 15 ha absolutem Grünland. Die durchschnittliche Flächengröße beträgt 2,2 ha. Des weiteren werden in einem Tretmiststall 22 Kühe und deren Nachzucht gehalten. Die Bullenkälber werden in einem Alter von drei Wochen an einen konventionellen Mäster verkauft. Hieraus errechnet sich ein Tierbesatz von 0,7 GV je Hektar. Das Durchschnittsalter der Kühe liegt derzeit bei sieben Jahren. Es ließe sich, so der Betriebsleiter, »aber durchaus auf zehn Jahre oder mehr hochrechnen, da wir zur Bestandesergänzung maximal drei Kühe pro Jahr nachstellen.«

Ein Teil der Flächen sind Schwemmlandböden der Isar. Der Untergrund besteht z. T. aus sehr flachgründigem Kalkschotter mit unterschiedlicher Humusauflage. Restflächen liegen in den Übergängen zum Moor und sind damit sehr humos und fruchtbar. Standortbedingt liegen die pH-Werte hoch, und zwar bei 6,8 bis 7,8.

Der Betrieb befindet sich auf einer Höhe von 450 m ü. NN. Bei einer durchschnittlichen Jahrestemperatur von 7,7 °C fallen im Mittel 800 mm Niederschlag. In den Monaten Juni und Juli wird es häufig sehr trocken, so daß insbesondere die Kulturen auf den sandigen Standorten leiden. Eine Beregnung gibt es nicht.

J. Braun ist heute 36 Jahre alt. Er bewirtschaftet den Hof zusammen mit seiner Frau als Familienbetrieb. Aus arbeitswirtschaftlichen Gründen hat er den Betrieb nie für längere Zeit verlassen und statt dessen sein

landwirtschaftliches Wissen auf dem elterlichen Hof erworben. Er hat keine Ausbildungsberechtigung, beschäftigt jedoch Praktikanten und Studenten in den Arbeitsspitzen. 1988 hat er seinen Hof auf biologischen Landbau umgestellt und ist seitdem Bioland-Mitglied.
Neuerdings wird die Milch von einer Käserin auf der Hofstelle verarbeitet und sowohl ab Hof als auch über die Gemüse-Abosysteme mehrerer Gärtner verkauft. Neben dem Getreidebau, der ausschließlich zur Vermehrung von zertifiziertem Saatgut dient, pflegt J. Braun eine Reihe von Sonderkulturen. Auf einer Fläche von 5 ha kultiviert er verschiedene Wildpflanzen und erzielt über den Verkauf der Samen und Blüten gute Gewinnbeiträge.

Getreideaussaat

Das Getreide wird in 6 cm breiten Doppelreihen ausgesät, wobei der Abstand zwischen den Doppelreihen 20 cm beträgt. Die für die speziellen Betriebsbedürfnisse selbst konstruierte Drillmaschine besteht aus folgenden Baugruppen: Vorn laufen zwei Reihen 4 cm breiter Prismenwalzen mit 45 cm Durchmesser, so daß der tiefste Druckpunkt jeweils vor einem Schar läuft. Ein direkt darüber gebauter Saatkasten versorgt die Doppelscheibenschare mittels Pneumatik mit Saatgut. Diese werden ihrerseits, in zwei Reihen angeordnet, mit Tasträdern tiefengeführt. Anschließend folgt ein Rechen aus Rundeisen (siehe Abbildung 3). Weiterhin ist eine zweite Sämaschine angebaut, die Saatgut (die Untersaat) mit Luftdruck auf flache, zwischen den Doppelreihen liegende Teller befördert. Dort prallt die Saat beim Sävorgang auf ca. 25 cm auseinander und verteilt sich gleichmäßig auf die Bodenoberfläche. Gezogen wird die Saatkombination von einem 75-kW-Schlepper. Durch die sehr kompakte Bauweise ist das Gerät problemlos mit der Hydraulik anzuheben. Auf die Frage, warum er solch eine komplexe Technik entwickelt habe, antwortet J. Braun: »Es gibt halt in der Richtung nichts zu kaufen.« Mit dieser selbst entwickelten Saattechnik sollen folgende Ziele im Bestand erreicht werden:

Abbildung 3: In Eigenarbeit entwickelte Drillmaschine mit Prismenwalze und Doppelscheibenscharen im Betrieb Braun.

- gute Standraumverteilung
- allgemeine Pflanzengesundheit
- genügend großer Abstand zwischen den einzelnen Pflanzen in der Reihe
- größtmögliche Verringerung der Wildkrautkonkurrenz
- höhere Belichtungsfläche und besserer Lichteinfall[11]

Die Aussaatstärken sind bei allen Getreidearten mit 100 bis 200 Körnern je Quadratmeter im Vergleich zur üblichen Praxis extrem gering. Ziel dieser Strategie ist es, über die Förderung der Einzelpflanzenentwicklung zu optimalen Erträgen zu kommen. Während auf dem Sandboden eine verringerte trockenheitsbedingte Bestockungsleistung eher die höhere Saatstärke erfordert, wird für die besser bonitierten Flächen eher die untere Grenze gewählt. Laut Aussage des Betriebsleiters geht er mit diesem Verfahren bei hoher Saatgutqualität kein Risiko ein. Mit dem eigenen Tischausleser werden die großen Körner herausgesucht, so daß gesundes und triebkräftiges Saatgut zur Verfügung steht.

Bei vollem Ertrag sollen die Sorten vor allem langhalmig und standfest sein. Die Ähre mit weit auseinandersitzenden Körnern soll sich zur Abreife neigen und abtrocknen können. Längerfristig sollen Sorten mit diesen Eigenschaften in den Betrieb integriert und selbst durch Selektion weitergezüchtet werden. Durch die Standortanpassung verspricht sich der Betriebsleiter eine Verbesserung und Stabilisierung der Qualität »seiner« Sorten.

Der Hafer der Sorte »Tomba« wird Mitte Februar bei gefrorener Bodenoberfläche mit einer Saatstärke von 40 bis 90 kg/ha gesät. Zur Eigensaatgutvermehrung werden sogar nur 20 kg/ha, das entspricht 50 Körnern pro m^2, ausgebracht. Der Weizen wird mit 50 bis 90 kg/ha in der dritten Augustdekade gedrillt. Hier kommt die Sorte »Zentos« zum Einsatz.[12] Der Roggen von der Sorte »Danko« wird mit 40 bis 90 kg/ha zwischen dem 15. und 25. August gesät.

Vorbild für diese außergewöhnlichen Termine ist nach Braun die Natur, in der das Korn bereits kurze Zeit nach der Reife in Keimstimmung komme. Daher erfolgt die Aussaat etwa 14 Tage nach der Ernte der Vorfrucht, so daß zum Wachstum noch etwa 70 Tage bis zum Vegetationsende verbleiben.[13] Auf diese Weise kann eine ausreichende Herbstentwicklung des Untersaatgemenges stattfinden und der im Boden freiwerdende Stickstoff gut verwertet werden.[14]

Begleitpflanzen

»Vorbild für mich ist die Natur«, sagt J. Braun, »und da gibt es keine Monokulturen.« Naturgemäßer Waldbau mit stufigen Beständen ist für ihn die Voraussetzung für artenreiche Nützlingspopulationen. Er versucht, das Prinzip im Ackerbau nachzuahmen und darüber die Bodenbelebung und die Gefügestabilität zu verbessern. Während Getreide 20 bis 30 dt/ha Wurzeltrockenmasse erzeugt, liefert ein Klee-Gras-Gemenge bis zu 80 dt/ha Wurzeltrockenmasse.[15] Aus dieser Erkenntnis stammt die Überlegung, beide Kulturformen mit ihren Qualitäten zu vereinen. Folgende Ziele sollen mit der Mischkultur erreicht werden:

- optimale Ernährung der Bodenlebewesen
- gute Krümelstruktur und Gefügestabilität des Bodens
- Mischkultur als Lebensraum für Nützlinge

Mit dem Ziel, die Untersaat auch im Folgejahr als Viehfutter nutzen zu können, wird eine Mischung ausgebracht, die mehreren Ansprüchen genügt:

- ausgewogene Futterration hinsichtlich der Nährstoffe (ohne Kraftfutter und Mineralstoffe)
- diätetische Wirkung
- schnelle Trocknung
- stabiler, ausreichender Ertrag

An die Kühe wird neben dem Grünlandaufwuchs lediglich dieses Futtergemenge verfüttert, das höchsten Qualitätsanforderungen genügen sollte. Technisch wird diesem Anspruch durch Zetten nach dem Mähen, einmaliges Wenden, anschließendes Pressen auf Rundballen und sofortige Nachtrocknung Rechnung getragen. Um beste Heuqualitäten gewährleisten zu können, dürfen nur feinstengelige Arten und Sorten in den Anbau kommen. Während der zu dickstengelige kultivierte Rotklee (*Trifolium pratense*) durch eine Wildform mit etwa 70 % Ertragsleistung ersetzt wird,[16] gibt es bei der Luzerne (*Medicago sativa*) bereits eine feinstengelige Sorte »Luzelle«. In Anlehnung an Grünlandbestände ist in der Mischung auch kein Weidelgras (*Lolium spp.*) enthalten. In Tabelle 6 sind die Komponenten mit ihren Anteilen aufgelistet.

Während früher die Schafe über den Bestand gingen, wird dieser Vorgang heute technisch imitiert. Etwa drei Wochen vor Vegetationsende wird das Wintergetreide in einer Höhe von sechs Zentimetern abgemulcht. Auf diese Art und Weise wird der »überwachsene« Be-

Deutscher (botanischer) Name	**Aussaatstärke** (kg/ha)	**Anteil in der Mischung** (%)
Hornschotenklee (*Lotus corniculatus*)	4,00	12,0
Rotklee (*Trifolium pratense*)	2,00	6,0
Weißklee (*Trifolium repens*)	2,00	6,0
Luzerne (*Medicago sativa*)	4,00	12,0
Glatthafer (*Arrhenatherum elatius*)	5,00	15,0
Knaulgras (*Dactylis glomerata*)	5,00	15,0
Lieschgras (*Phleum pratense*)	2,30	6,8
Wiesenschwingel (*Festuca pratensis*)	8,00	24,0
Kümmel (*Carum carvi*)	0,50	1,5
Spitzwegerich (*Plantago lanceolata*)	0,25	0,7
Schafgarbe (*Achillea millefolium*)	0,10	0,3
Wiesenknopf (*Sanguisorba minor*)[17]	0,25	0,7
Summe:	**33,40**	**100,0**

Tabelle 6: Zusammensetzung der Untersaatmischung für Wintergetreide im Betrieb Braun

stand wieder zurückgeführt. Für den Roggen ist der Eingriff eine gute Vorsorge gegen Schneeschimmel. Des weiteren wird dem Regenwurm totes organisches Material für seine Ernährung zur Verfügung gestellt. Wenn irgend möglich, werden Arten ausgesät, die dem Regenwurm »schmecken«. Der Betriebsleiter kann sich auch vorstellen, gezielt für dessen Ernährung abfrierende Kulturen mit in das Gemenge einzubringen.

Bei der Haferaussaat verzichtet J. Braun derzeit noch auf gezielte Untersaaten, da durch den pfluglosen Untersaatumbruch noch genügend lebende Reste des Klee-Luzerne-Gras-Gemenges als Mischungspartner für den Hafer zur Verfügung stehen. Er sucht aber nach wie vor Arten, die in »Symbiose« mit dem Hafer wachsen können.[18]

Als »Unkräuter« bezeichnet J. Braun die Ackerkratzdistel (*Cirsium arvense*), die Quecke (*Agropyron repens*), das Klettenlabkraut (*Galium aparine*), den Flughafer (*Avena fatua*) und den Ampfer (*Rumex spp.*). Durch die Form der Bewirtschaftung und aufgrund der kleegrasreichen Fruchtfolge ergeben sich damit jedoch keine Probleme. Weitere

Abbildung 4: Winter-Weizenschlag mit Doppelreihensätechnik (6/20 cm) und einer Herbstuntersaat im Betrieb Braun, am 02.06.1996.

standorttypische und auf den Äckern vorkommende Wildkräuter sind die Vogelmiere (*Stellaria media*), der Ehrenpreis (*Veronica spp.*), der Schwarze Nachtschatten (*Solanum nigrum*) und der Frauenspiegel (*Legousia speculum-veneris*). J. Braun schätzt die Vorzüge von Wildkräutern und führt als Beispiel Mehrertrag und bessere Eiweißqualität beim Weizen durch die Wurzelausscheidungen der Kornblume (*Centaurea cyanus*) an. Über den Wirkungszusammenhang der Kornrade (*Agrostemma githago*) kann er nichts Genaues sagen, will sich mit diesem Thema aber näher befassen. Über die Jahre soll im Boden ein Samenpotential aufgebaut werden und somit die genetische Ressource in die Nutzung eingehen.

Im Betrieb gibt es in der Regel keine ernsten Probleme mit Pilzinfektionen, was J. Braun sich durch das Mischkultursystem erklärt, denn durch die Wurzelausscheidungen übten die Arten einen positiven Einfluß aufeinander aus. »Mit der richtigen Mischung«, so der Betriebsleiter, wobei auch er noch auf der Suche nach der passenden Zusammensetzung ist, »kann man ein Gesundsystem aufbauen und somit gezielt die Vitalität des Getreides unterstützen.«

Was die Frage nach der Konkurrenz um Wasser zwischen dem Getreide und den Begleitpflanzen angeht (siehe Abbildung 4), so ist nach J. Braun auch auf den schwachen Sandböden der betriebliche Vorteil über den Bodenaufbau langfristig größer als der kurzfristig durch den Wasserverbrauch der Untersaaten während der Trockenzeiten entstehende Nachteil. Auch zieht er hinsichtlich der Gesundheit des Bestandes und der Qualität des Erntegutes die Trockenjahre den nassen Jahren vor.
In bezug auf Licht- und Nährstoffkonkurrenz beschreibt der Betriebsleiter einen Roggenschlag, auf dem im Frühjahr flächendeckend Ehrenpreis geblüht habe. Dieser sei jedoch mit fortschreitendem Roggenwachstum eingegangen. Er habe somit nicht nur »keine Bedrohung« für die Kultur dargestellt, sondern sei als lebende und sterbende Pflanze für den Bodenaufbau sehr förderlich gewesen.

Getreideernte

Das Getreide wird 1,30 bis 1,50 m, Roggen sogar bis 1,80 m hoch. Zum Zeitpunkt der Ernte steht die Untersaat etwa auf 0,50 m Höhe und behindert daher den Drusch nicht. Trotz der geringen Aussaatstärken und viel Licht im Bestand hat es jedoch nur selten Probleme mit Wildkraut gegeben. In einem Jahr, so berichtet der Betriebsleiter, habe jedoch die Luzerne den verzögert gestarteten und sich in der Ernte neigenden Nackthafer überwachsen.
Die Getreideernte erfolgt von Ende Juli bis Mitte August. Derzeit wird das Korn mit dem eigenen Mähdrescher genau über der Untersaat, d. h. auf etwa 50 cm Höhe, abgeschnitten. Sobald grüne Substanz mit durch den Mähdrescher geht, wird trockenes Korn wieder feucht. Während nach dem Drusch die Untersaat weiterwächst, wird das Stroh mit der Rundballenpresse für die Stalleinstreu geworben. Es trocknet zunächst auf der Untersaat, wie auf einem »Rost«, hervorragend nach. Einige Tage später wird diese ihrerseits gemulcht.
Für die Zukunft plant J. Braun, mit dem Schneidtisch des Dreschers nur die Ähren zu kappen. Ein weiterer Mähbalken, der unter und hinter dem Schneidtisch angebracht ist, soll das Stroh und die Untersaat sehr flach

über dem Boden abtrennen. Durch das getrocknete Strohgemenge verspricht sich der Betriebsleiter eine bessere Einstreu und vor allem einen beschleunigten Rotteprozeß im Kompost.
Der Feuchtigkeitsgehalt des Getreides wird mit einer Wagentrocknung sofort auf 14 % reduziert. Nach der Reinigung wird das Getreide in Silos auf dem Betrieb bis zum Verkauf als Saatgut an Bioland-Betriebe gelagert.

Fruchtfolge und Nährstoffe

Das Leguminosen-Gras-Gemenge ist die Futtergrundlage für die Kühe. Gleichzeitig baut es als Untersaat die Bodenfruchtbarkeit auf, so daß »es gar nicht zu Wachstumsstörungen kommen kann.« Im übrigen, so J. Braun, seien diese weniger eine Frage des Stickstoffs als vielmehr eine der Bodenstruktur. Schon aus langer bäuerlicher Erfahrung sei bekannt, daß der Hafer die beste Kultur nach Narbenumbruch sei. Aus diesem Grunde folgt er jeweils auf das Leguminosengras. Die Fruchtfolge besteht aus sieben Fruchtfolgegliedern und wird konsequent eingehalten:

- Leguminosen-Gras-Gemenge
- Leguminosen-Gras-Gemenge
- Hafer
- Roggen (mit Untersaat Leguminosengras)
- Leguminosen-Gras-Gemenge
- Hafer
- Weizen (mit Untersaat Leguminosengras)

J. Braun sieht gute Chancen, direkt von seinem Betrieb Kartoffeln und Gemüse zu vermarkten. Er ist auch daran interessiert, diese Kulturen anzubauen, entscheidet sich jedoch zum augenblicklichen Zeitpunkt bewußt dagegen, weil zunächst der Boden aufgebaut werden soll.

Der Rindermist aus dem Tretmiststall wird bis zu vier Wochen zwischengelagert und anschließend in die hofeigene Kompostanlage gefahren. Dort wird er mit einem großen, sich durch den Haufen bewegenden Schaufelrad wöchentlich umgesetzt. So gelangt im Laufe des Rotteprozesses auch das zunächst außen liegende Material in die Mitte des Haufens und erfährt über die Warmphase eine mikrobielle Umwandlung zu organischen Verbindungen. Es ist von größter Wichtigkeit, daß in der Miete ständig aerobe Bedingungen herrschen. Sie werden durch befahrbare Schlitze im Boden der Anlage gewährleistet, durch die permanent Luft geblasen wird. Auf diese Art und Weise treten kaum Stickstoffverluste auf. Auch ist der Verlust an Kohlenstoff gering, der ebenso zum Humusaufbau gebraucht wird.
Der Kompost wird in kleinen bis mittleren Gaben mit bis zu 200 dt/ha auf alle Flächen ausgebracht – auf Grünland und Leguminosengras ganzjährig, bei Getreidebau im Sommer nach der Haferernte auf die Stoppel. Hierbei geht es allerdings weniger um die Zufuhr von leicht umsetzbarem Stickstoff als vielmehr um die Stabilisierung der Bodenstruktur.
Eine zusätzliche Düngung, in welcher Form auch immer, gibt es nicht, denn nach Ansicht des Betriebsleiters findet »vollwertige Pflanzenernährung« nicht über leicht lösliche Nährstoffe statt, sondern über die direkte Aufnahme von organischen Molekülen durch die Wurzel. Durch Beachtung folgender Maxime werde diese Ernährungsform unterstützt:

- reduzierte Bodenbearbeitung
- richtiges C:N-Verhältnis durch permanent wachsende Mischkultur im Boden
- ausreichende Sauerstoffversorgung durch absterbende Wurzeln und Regenwurmaktivität

Bei einzelnen Messungen in der Vergangenheit konnte auf den Flächen kein mineralisierter Stickstoff nachgewiesen werden, doch das Wachstum der Pflanzen ließ nicht zu wünschen übrig. Ebenso kommen im

Kompost kaum flüchtige Ionenverbindungen vor, folglich ist auch an dieser Stelle der Verlust durch Umsetzungsprozesse stark reduziert.

Bodenbearbeitung

Seit zwölf Jahren wird nicht mehr gepflügt, denn für J. Braun ist es wichtig, die natürliche Bodenschichtung zu erhalten. Mittlerweile verzichtet er auch auf eine Tiefenlockerung. Lediglich mit der Fräse im Frontanbau (in Kombination mit der Sätechnik) und der Scheibenegge wird zur Einmengung der organischen Substanz sechs Zentimeter tief gearbeitet. Die Zeitpunkte werden so gewählt, daß der Boden gut trägt und der Regenwurm sich in tieferen Schichten aufhält, damit er nicht geschädigt wird. Diese Bedingungen sind im Sommer bei großer Hitze und im Winter bei Frost gegeben.
Für Hafer wird das Leguminosengras Mitte Januar mit der Scheibenegge bei abnehmendem Mond und leicht gefrorenem Oberboden so umbrochen, daß die Narbe abgeschnitten ist. Nach alter Bauernregel ist zu diesem Zeitpunkt die Konstitution der Pflanzen schwächer, und so stirbt neben den Gräsern auch die hartnäckige Luzerne (*Medicago sativa*) ab.[19] Hingegen würde sich der Bestand bei zunehmendem Mond von dieser Maßnahme eher erholen und weiterwachsen.
Alle Geräte, einschließlich des Mähdreschers, der Rundballenpresse und ihres Sammelwagens, laufen auf einer Spurweite von 2,50 Metern. Auch der 75-kW-Schlepper ist in das System eingepaßt. Es handelt sich um eine Sonderanfertigung nach dem Wunsch des Betriebsleiters mit vier gleich hohen, schmalen und lenkbaren Reifen sowie einer Rückfahreinrichtung. Es werden immer dieselben Spuren auf den Flächen befahren, die dazwischenliegenden Beete jedoch nie, so daß es dort auch nicht zu Verdichtungsproblemen kommen kann. Auf die Fahrspuren selbst wird kein Saatgut ausgebracht; die einzige Ausnahme bildet das Leguminosengras, das ganzflächig ausgebracht und befahren wird. Das Auslassen der Fahrspuren hätte jedoch keine Ertragseinbußen zur Folge.[20] Der Vorteil dieser speziellen Technik gegenüber der Terrabereifung besteht laut Aussage des Betriebsleiters darin, daß das Boden-

leben punktuelle tiefe Verdichtungen besser aufarbeiten könne als weniger starke, dafür jedoch ganzflächige.[21]
Die einzelnen Komponenten des Systems sind so gut aufeinander abgestimmt, daß nur »Aussaat, einmal Mulchen und Ernten notwendig sind«. Nach Brauns Ansicht würde man mit jedem Eingriff mehr zerstören als aufbauen. Vorbild seiner Anbaumethode ist das Prinzip der Permakultur, ein in das natürliche Geschehen eingepaßtes Kultursystem.

Ökonomie

Eine gute Einnahmequelle sind die Sonderkulturen mit einem Gewinnbeitrag von etwa 50 %. Aufgrund dieser ökonomischen Sicherheit war es möglich, die Umstellung auf ökologischen Landbau zu wagen und die verschiedenen Investitionen in Stallbau, Kompostanlage und Gerätetechnik zu finanzieren. Auch bei erheblichen Preisschwankungen und dem Produktionsrisiko ist er damit von agrarpolitischen Veränderungen weniger betroffen.
Ebenso wie Fleisch und Milch stellt der Getreidebau sowohl im Hinblick auf den Ertrag als auch durch den Absatz als Saatgut[22] bei dem derzeitigen Flächenwachstum eine stabile und verläßliche finanzielle Größe dar. Die Existenz der Familie ist somit gesichert.

Ausblick

Braun ist ein unentwegter Bastler und Forscher. Ständig entwickelt er Ideen, um sie anschließend in der Praxis zu testen. Seiner Meinung besteht in den folgenden Bereichen noch dringender Forschungsbedarf:

- Anpassung der Bodenbearbeitung an die Bedürfnisse des Bodens
- Züchtung von Getreidesorten, die für Mischkulturen geeignet sind
- Züchtung von mehrjährigen Getreidesorten
- Mischkulturen im Getreidebau (Wechselbeziehungen, Konkurrenzverhalten)

Wildkrautvermehrung für eine gezielte Untersaat (Betrieb Maier)

Betriebsspiegel

Das Ehepaar Christa und Walter Maier bewirtschaftet einen Aussiedlerhof 25 Kilometer südwestlich von Nürnberg. Der aus vier Einzelunternehmen bestehende Betrieb umfaßt heute eine Gesamtfläche von 200 ha, wobei sich diese aus insgesamt 460 Flurstücken zusammensetzen. Mit Ausnahme von 15 ha absolutem Grünland werden alle Flächen ackerbaulich zu gleichen Teilen für Futterbaukulturen, Getreidesaaten und Hackfrüchte genutzt. In zwei großen Boxenlaufställen mit Spaltenböden werden 80 Fleckviehkühe sowie deren Nachzucht, Zuchtbullen und Ochsen gehalten. Auf der Gesamtfläche errechnet sich ein Viehbesatz von 1,1 GV/ha.

Im Jahresmittel wird in der Region eine Temperatur von 8,0 °C gemessen. Das Gelände ist flachwellig mit einer durchschnittlichen Höhenlage von 400 bis 430 m ü. NN. Die Böden der Region, die sich aus Buntsandstein und Keuper gebildet haben, bestehen aus Sand und lehmigem Sand. Dementsprechend ist der Standort mit 11 bis 34 Bodenpunkten eingeschätzt. Auswärts zugepachtete Flächen erreichen eine Bonität bis zu 45 BP.

Weiterhin erschwerend auf die Bewirtschaftung wirkt sich die Tatsache aus, daß die Hauptflächen des Betriebes auf einer Trockenplatte des mittelfränkischen Beckens liegen. Hier fallen pro Jahr im Mittel 450 bis 580 mm Niederschlag mit wechselnder Verteilung. Das Grundwasser in der Flur liegt in einer Tiefe von 15–44 m, so daß dessen Nutzung erschwert ist. Mit einer Tröpfchenbewässerung können zumindest teilweise die Gemüsekulturen mit Wasser versorgt werden.

Der heute 45 Jahre alte Betriebsleiter W. Maier hat von jeher auf dem elterlichen Hof mitgearbeitet, und bereits als 14jähriger übernahm er die alleinige Verantwortung für den Betrieb mit damals 7,5 ha, den er stetig erweiterte.[23] 1977 begann die Umstellung auf ökologische Wirtschaftsweise; 1982 erfolgte die Anerkennung als Demeter-Betrieb. 1980 wurde eine neue Hofstelle am Rande des Dorfes durch Aussiedlung gegründet.

Das Wachsen und Gedeihen des Betriebes wird zum einen durch den Arbeitseinsatz der gesamten Familie ermöglicht. Zusätzlich sind zwei weitere verantwortliche Betriebsleiter, vier ständige Aushilfskräfte sowie etwa zehn Saisonarbeiter für die Hackfruchtpflege und -ernte beschäftigt.

Getreideaussaat

Gesät wird direkt nach der Pflugfurche und dem sich daran anschließenden leichten Eggenstrich. Ein 35-kW-Schlepper zieht die vier Meter breite, pneumatisch angetriebene Drillmaschine mit Säbelscharen bei einem Reihenabstand von 13 cm. Das Saatgut wird im eigenen Betrieb vermehrt. Tendenziell werden hohe Saatstärken angestrebt, um die Konkurrenzkraft des Getreides gegenüber den Wildkräutern (insbesondere Windhalm – *Apera spica-venti*) zu stärken.

Als optimaler Aussaattermin für Roggen gilt die erste Septemberdekade. Mit jeweils 100 kg/ha Saatstärke werden die Sorten »Danko« und »Amilo« angebaut. Je nach Vorfrucht, Wetter und Arbeitswirtschaft erstreckt sich die Aussaatperiode von Ende August mit 60 bis 70 kg/ha bis Ende Oktober mit 150 kg/ha.

Der Weizen wird zwischen Ende September und Mitte Dezember mit ansteigenden Saatstärken von 200 bis 300 kg/ha ausgesät. Hier kommen die Sorten »Ambras« und »Atalantis« zum Einsatz.

Als Sommergetreide steht der Weißhafer mit den Sorten »Adamo« und eventuell »Fuchs« in der Mischung mit Luzerne (*Medicago sativa*) oder Rotklee (*Trifolium pratense*) als Untersaat. Je nach Witterung werden zwischen Ende Februar und Anfang April 100 kg/ha ausgedrillt. Wei-

Abbildung 5: Gemengeschlag mit Erbsen und Hafer im Betrieb Maier, am 03.06.1996.

terhin wird ein Futtergemenge bestehend aus 50 kg/ha Hafer, 60 kg/ha Erbsen (*Pisum sativum*) und 40 kg/ha Gerste verwendet, wenn gedroschen werden soll (siehe Abbildung 5). Eine Alternative dazu bietet die Mischung aus 80 kg Hafer und 20 kg/ha Rotklee zur Futternutzung durch Silieren in der Teigreife.

Begleitpflanzen

Der Betriebsleiter hat ein ganz eigenes Verhältnis zu Wildkräutern. Er sieht sehr wohl, wie auch die meisten anderen ökologisch wirtschaftenden Landwirte, die mögliche Konkurrenz zu Kulturpflanzen. Auch wenn kurzfristig Nachteile auftreten, so legt er dennoch großen Wert auf die nachhaltigen positiven Effekte der Kulturbegleitpflanzen im Betriebsorganismus, denn »was den Acker 1000 Jahre nicht kaputt gemacht hat, kann nicht schlecht für ihn sein.«[24] Er schätzt die Wachstumskräfte der Ackerbegleitflora und verknüpft die in Tabelle 7 dargestellten Qualitäten mit deren Vorhandensein im Kulturbestand.

Funktion	Wirkung
Bodenbeschattung, Mulch gegen Winderosion, Bildung zusätzlicher organischer Substanz	Mehrung des Humus und Verbesserung der Bodenstruktur u. a. durch dessen Einarbeitung
Verbesserung des Lufthaushaltes im Boden und damit Steigerung der Mikroorganismentätigkeit	Verhinderung von Krustenbildung, umfangreiche Durchwurzelung und spätere Einarbeitung
Aufschluß von Spurennährstoffen aus dem Bodensubstrat durch Wurzelausscheidungen	daraus resultierender Düngeeffekt und Förderung des Bodenlebens
Wasserspeicherung und Fähigkeit, Wasser aus tieferen Bodenschichten an die Oberfläche zu befördern	Bildung organischer Masse und eines tiefreichenden Wurzelsystems
Beitrag zur Taubildung, besonders durch den Acker-Schachtelhalm (*Equisetum arvense*)	Erhöhung der Bodenfeuchtigkeit durch ablaufendes Wasser
Inhaltsstoffsynthese und Futterqualität durch veränderte Aminosäurenzusammensetzung und Schmackhaftigkeit	Stroh als akzeptables Viehfutter durch das Vorhandensein von Wildkräutern

[1]Beruhend auf Aussagen des Betriebsleiters (1996)

Tabelle 7: Funktion und Wirkung der Wildkräuter im Betrieb Maier1

Einige Wildkräuter bezeichnet auch der Betriebsleiter als »Unkräuter«. Zu diesen Kräutern, bei denen man keine Kompromisse eingehen dürfe, zählt er die Acker-Kratzdistel (*Cirsium arvense*), die Quecke (*Agropyron repens*), den Windhalm (*Apera spica-venti*) und die Ampfer-Arten (*Rumex spp.*). Dennoch haben sie ihre Bedeutung, denn sie verweisen auf Bewirtschaftungsfehler. So deutet die Distel auf vergrabene, unverrottete organische Substanz hin,[25] während Ampfer und Windhalm überschüssigen Stickstoff im Boden anzeigen.

Um von den oben genannten Vorteilen der Wildkräuter profitieren zu können, müssen diese erst einmal potentiell auf den Flächen vorhanden sein. W. Maier hat zu Beginn seiner biologischen Wirtschaftsweise Wildkrautsamen verschiedener Arten gekauft und in seine Flächen eingesät. Es ist erst einmal erforderlich, daß sich in der Begleitpflanzengesellschaft wieder ein natürliches Gleichgewicht einstellt und sich diese an den Standort anpaßt. Die starke Veränderung in der Zusammensetzung der einzelnen Arten durch die Einflüsse von Düngung und Pflanzenschutz muß wieder rückgängig gemacht werden. Dies ist eine sehr teure Angelegenheit – so kostet z. B. ein Kilogramm Ehrenpreis 50 DM.

Heute werden die Wildkräuter im Betrieb selbst vermehrt; für dieses ungewöhnliche Verfahren werden insbesondere Rübsen (*Brassica rapa*) und Inkarnatklee (*Trifolium incarnatum*) verwendet, die beide ihrerseits zur Samenvermehrung angebaut werden. Während die Rübsen weniger stark beschatten und somit dem Wildkraut mehr Licht zum Wachsen lassen, hat der Inkarnatklee den Vorteil, daß er großkörnig und somit leicht über die Reinigung trennbar ist. Je nach Witterungsverlauf und Bestandsentwicklung kann gezielt von der einen oder anderen Kultur gedroschen werden. Die Ernte erfolgt mit einem eigens für diesen Zweck gekauften ausgedienten Mähdrescher. Der »Claas-Europa« ist mit Sortierzylindern und einer Absackvorrichtung ausgestattet.

Steht ein Bestand nicht so wie gewünscht, wird der Aufwuchs im Frühjahr frisch verfüttert. In Ausnahmefällen kommt es auch vor, daß ein Roggenschlag zur Wildkrautvermehrung dient. Auch gab es schon Jahre, in denen überhaupt keine Wildfrucht geerntet werden konnte.[26]

Die gewonnenen Samen werden als Gemengepartner zu einer Kulturpflanze auf Flächen ausgesät, die neu zum Betrieb hinzugekommen sind, denn im Gegensatz zu den Hackfrüchten geht es in diesem Fruchtfolgeabschnitt um die Etablierung und Förderung von Wildkräutern. Hat eine erstmalige »Beimpfung« stattgefunden, ist im Boden ein ausreichendes Samenreservoir für die Zukunft angelegt. So hat sich auf den schon seit längerem bewirtschafteten Flächen »eine Artenvielfalt wie im Urwald« eingestellt.

Zum einen ist die Beimengung von Wildkrautsamen beim Anbau von Feldfutterpflanzen von Bedeutung, und zum anderen werden verschiedene Arten mit dem Hafer ausgebracht. Ein weiteres Augenmerk liegt auf der gezielten Aussaat mit dem Winterroggen. Eine Standardmischung für Winterroggen bei früher Aussaat besteht aus folgenden »garefördernden« bzw. »garezeigenden« Wildkrautarten:[27]

- 200–400 g/ha
  Acker-Hellerkraut (*Thlaspi arvense*)
- 100–200 g/ha
  Ehrenpreis (*Veronica spp.*; sie frieren im Winter ab)

- 250–300 g/ha
  Vogelmiere (*Stellaria media*)
- 80 g/ha
  Stiefmütterchen (*Viola arvensis*)
- 10–50 g/ha
  Weißer Gänsefuß (*Chenopodium album*; nur bei Aussaatterminen im August, damit er mit entsprechender Größe abfriert)

Neben den genannten Arten sind auch die Kornblume (*Centaurea cyanus*) bei Roggen sowie die Taubnessel (*Lamium spp.*) wegen ihres positiven Einflusses auf die Weizenkleberqualität sehr erwünscht. Der Storchenschnabel (*Geranium spp.*) ist eine sehr seltene, aber in diesem Betrieb eine äußerst begehrte Wildart, denn sie zeigt an, daß der Boden »ausgepowert« ist, und setzt Spurenelemente aus dem Bodensubstrat frei. Soweit diese Arten verfügbar sind, werden sie mit dem Wildkrautgemenge ausgesät.
Für den Roggen als tragende Kulturpflanze stellen die Beisaaten wegen der ausgezeichneten Konkurrenzkraft des Getreides keine Behinderung dar (siehe Abbildung 6). Auf die Art der Begleitpflanzen nimmt der Betriebsleiter gezielten Einfluß, d. h., es wird nichts dem Zufall überlassen. Folgender Ablauf ist auf den Schlägen zu beobachten:

- Wildkraut und Roggen gewährleisten gemeinsam eine schnelle und gute Bodenbedeckung im Herbst.
- Im Frühjahr macht der Roggen den Bestand »dicht«, d. h., er unterdrückt die Wildkräuter.
- Nach der Getreideernte reifen die Wildkräuter und samen neu aus.

Völlig anders dagegen sieht es beim Weizen aus. Hier wird eine hohe Saatstärke eingesetzt, so daß die Wildkräuter nicht zu konkurrenzstark werden. In Bereichen von zwei bis drei Prozent der Ackerfläche sind deutliche Ertragseinbußen zu verzeichnen, doch nach Aussage des

Betriebsleiters treten diese nur auf, wenn Bewirtschaftungsfehler gemacht würden. So verschaffen z. B. schlechte Saat- und Keimbedingungen den Wildkräutern einen Vorsprung, den die Kulturpflanze nicht verkraften kann.

Völlig anders sieht die Wildkraut-Strategie im Gemüseanbau aus. Hier wachsen die nach einer abfrierenden Zwischenfrucht (z. B. Ackerbohne – *Vicia faba*) auflaufenden Wildkräuter bis in den Juni hinein und werden dann bei einer Höhe von 30–40 cm 15–20 cm tief eingepflügt. Ende Juni erfolgt dann die Einsaat der rote Bete (*Beta vulgaris*), des Rettichs (*Raphanus sativus*) und der Zwiebeln (*Allium cepa*). Durch dieses Vorgehen soll erreicht werden, daß der üppige Wildkrautbewuchs über Wurzelausscheidungen keimungshemmende Informationen in den Boden sendet. Das riesige Samenpotential wird trotz des Pflügens nicht bzw. verzögert in Keimstimmung versetzt, so daß das Gemüse einen Wachstumsvorsprung erhält. Der Einsatz der Reihenfräse im Gemüse erfüllt neben der Einarbeitung von Luft in den Boden und der Unterbrechung der Kapillaren eine ähnliche Funktion: Der austretende Saft der zerkleinerten Wildkräuter »gaukelt« deren reich-

Abbildung 6: Bestandesheterogenität in einem Winter-Roggenschlag mit breitem Akkerbegleitflorenspektrum im Betrieb Maier, am 03.06.1996.

haltiges Vorhandensein vor, so daß die »zweite Unkrautwelle« nicht so massiv auftritt.[28]

Es ist weder eine Bedrohung durch Pilzdruck noch durch einfallende Schädlinge zu beobachten. Auch in den vorbeiziehenden und bevorzugt auf seinen Feldern rastenden Vogelschwärmen sieht der Betriebsleiter weniger Schädlinge als Nützlinge: »Was die Vögel mir an Körnern auf dem Acker wegfressen, wird mehr als aufgewogen durch den Kot, den sie hinterlassen.«

Ganz im Gegensatz zu aufwendigen Hackarbeiten im Gemüsebau gibt es im Getreide kaum Maßnahmen zur Bestandspflege. Der Weizen wird in seltenen Fällen im Frühjahr zur Brechung der verkrusteten Oberfläche gestriegelt. Gegen Windhalm und andere Wildkräuter kann ein Maschineneinsatz nichts ausrichten. Eine Beregnung des Getreides findet nicht statt.

Getreideernte

Die Getreideernte wird mit einem Mähdrescher im Lohnverfahren Ende Juli bis Mitte August durchgeführt. In den sehr trockenen Jahren 1993 bis 1995 konnten im Durchschnitt 42 dt/ha Winterweizen, 39 dt/ha Winterroggen und 39 dt/ha Hafer (wobei hier die Schwankungsbreite von 30 bis 60 dt/ha am größten ist), jeweils als ungereinigte Ware, geerntet werden.

Der Hafer wird sowohl als Reinkultur als auch mit seinen Gemengepartnern, z. B. Gerste und Erbsen, gedroschen und verfüttert, sofern er nicht in der Teigreife siliert worden ist. Häufig dient er auch als Deckfrucht für legumen Feldfutterbau mit Leguminosen-Gras-Gemengen. Diese entwickeln sich bereits als Untersaat und gelangen nach der Haferernte noch zu einem üppigen Aufwuchs.

Roggen und Weizen sind reine Verkaufsfrüchte, die sofort nach der Ernte getrocknet und gereinigt werden. Durch die Reinigung soll aber nicht nur eine »saubere« Marktware erzeugt, sondern es sollen auch Wildkrautsamen gewonnen werden. Wie bereits erläutert, kann sich ein Roggenschlag besonders gut dafür eignen. Eine spezielle Weizenreini-

gung findet dann statt, wenn in der Kultur im größeren Ausmaß die Kornblume enthalten ist. Lediglich das Klein- und Bruchkorn wird zusammen mit dem Hafer und seinen Gemengepartnern an die Rinder verfüttert.
Das Stroh wird von den meisten Flächen abgefahren und dient als Einstreu in den Liegeboxen der Laufställe. Auf das Häckseln wird bewußt verzichtet, denn im langen Stroh ist der Lufteinschluß zwischen den Halmknoten besonders groß. Wenn die Tiere die Einstreu mit in die Gülle »hineintreten«, findet dort eine aerobe Umsetzung statt, so daß weder Geruchsbelästigung noch Stickstoffverluste auftreten.

Fruchtfolge und Nährstoffe

Eine klassische Fruchtfolge gibt es in diesem Betrieb nicht. Die Elemente Hackfrucht, Halmfrucht und Feldfutterbau sind je zu einem Drittel in der Fruchtfolge vertreten. Je nach aktuellen Anforderungen wie Futteranspruch des Viehs, Zustand der Flächen, Marktlage usw. wird für jeden Schlag individuell bestimmt, was er im jeweiligen Jahr tragen soll. Ergänzend zu den Ansprüchen und Leistungen der Vorkultur und mit dem Ziel der stetigen Begrünung der Flächen wird eine Nachfrucht ausgewählt. So ergibt sich im Laufe der Jahre von selbst eine ausgewogene Rotation. Dennoch orientiert sich die Fruchtfolge an einem Grundschema, das folgendermaßen aussieht:[29]

- Luzerne-Klee-Gras-Gemenge (mehrere Jahre)
- Weizen
- Roggen (mit anschließender Zwischenfrucht)
- Gemüse
- Getreide (mit anschließender Zwischenfrucht)
- Kartoffeln, Mais

Zwecks Gare- und Humusaufbau dienen die neu hinzugepachteten Flächen bevorzugt dem Anbau eines Hafer-Erbsen-Gersten-Gemenges und dem Feldfutterbau mit den genannten Wildkrauteinsaaten. Zur

Sanierung von Flächen, die z. B. mit Disteln »verseucht« sind, werden diesem »Gesundungsgemenge« viele Komponenten mit kleinen Mengenanteilen (siehe unten aufgeführte Artenliste) und Luzerne hinzugefügt, die bis zu zehn Jahre als Futter genutzt werden können. Die Luzerne wurzelt durch die lange Wachstumszeit mehrere Meter tief und befördert nach Aussage des Betriebsleiters aus dem Unterboden ausgewaschene Spurennährstoffe, Wasser und vor allem Kalk an die Oberfläche.[30] Mit dem Abfallen der unteren Blattetagen wird dann der Boden gedüngt.
Zu beachten ist bei diesem Verfahren, daß viele Mischungsbestandteile im »Gesundungsgemenge« vorhanden sind. Eine betriebsübliche Mischung sieht wie folgt aus:

- 18 kg/ha
  Luzerne (*Medicago sativa*)
- 5 kg/ha
  Esparsette (*Onobrychis viciifolia*)
- 4 kg/ha
  Hornschotenklee (*Lotus corniculatus*)
- 2 kg/ha
  Gelbklee (*Medicago lupulina*)
- 1 kg/ha
  Wundklee (*Anthyllis vulneraria*)
- 1 kg/ha
  Malve (*Malva neglecta*)
- zusätzlich verschiedene Gräser je nach Standort

Im Laufe der Sukzession soll, bedingt durch die arttypischen Vegetationsansprüche, jedes Jahr eine Komponente dieser Mischung absterben und somit für den Regenwurm als Nahrung zur Verfügung stehen. Durch dessen Aktivität und Ausscheidungsprodukte wird der Bodenhumus aufgebaut und eine stetige Durchlüftung des Unterbodens gewährleistet. Nach zehn Jahren sind die Disteln verschwunden.

Deutscher (botanischer) Name	**Aussaatstärke** (kg/ha)	**Anteil in der Mischung** (%)
Sommerwicke (*Vicia sativa*)	25,00	30,0
Futtererbse (*Pisum sativum*)	20,00	24,0
Bitterlupine (*Lupinus luteus*)	10,00	12,0
Alexandrinerklee (*Trifolium alexandrinum*)	7,00	8,5
Buchweizen (*Fagopyrum esculentum*)	16,00	19,3
Sonnenblume (*Helianthus annuus*)	5,00	6,0
Phacelia (*Phacelia tanacetifolia*)	0,20	0,2
Summe:	**83,20**	**100,0**

Tabelle 8: Zwischenfruchtgemenge zur Mobilisierung von Nährstoffen im Betrieb Maier

Gedüngt wird ausschließlich mit betriebseigenem Wirtschaftsdünger. Die Gülle wird im Frühjahr auf Getreide, Mais und Kohl, ansonsten auf das Grünland und die Zwischenfrüchte gefahren. Regelmäßig durchgeführte (und dokumentierte) Bodenuntersuchungen belegen, daß sich – ähnlich wie bei allen Nährstoffen – auch nach 36 Jahren ohne Kalkung auf den Ursprungsflächen der pH-Wert nicht abgesenkt bzw. teilweise sogar erhöht hat.

Durch den Verzicht auf die Rückverfestigung nach dem Pflügen und die vorhandenen Wildkräuter ist der Boden sehr locker. Der Roggen durchläuft nach der Aussaat eine zügige Jugendentwicklung. Ein schwacher Bestand bekommt nach harten Wintern eine Güllegabe. Der Weizen erhält standardmäßig 18 m^3/ha Rindergülle im zeitigen Frühjahr.

Die über den Pflanzenentzug durch die Verkaufsprodukte benötigten Nährstoffe stammen aus dem Bodensubstrat. Sie werden aktiv durch Exsudate, d. h. Wurzelausscheidungen der Pflanzen, mobilisiert. Tabelle 8 stellt ein speziell für den Phosphor- und Magnesiumaufschluß verwendetes Zwischenfruchtgemenge dar, das im Winter abfriert.

Ohne weitere Bodenbearbeitung geht der Schlag mit dem Zwischenfruchtgemenge in Winterruhe und wird im Frühjahr zeitig gepflügt. Anschließend erfolgt die Aussaat mit folgendem Futtergemenge:

- 10,0 kg/ha Futtererbse (*Pisum sativum*)
- 15,0 kg/ha Luzerne (*Medicago sativa*)
- 20,0 kg/ha Gerste (*Hordeum vulgare*)
- 80,0 kg/ha Hafer (*Avena sativa*)

Bodenbearbeitung

Pflanzen brauchen Licht, Wasser und Luft zum Wachsen. Da der Sand sehr stark verdichtet, muß viel geackert werden. So plädiert der Betriebsleiter je nach Kulturabfolge und Zwischenfrucht durchaus für mehrmaliges Pflügen in einem Jahr jeweils vor der Aussaat, denn auf diese Art und Weise erhalte die Kultur einen Wachstumsvorsprung. Gleichzeitig sei es die beste und auch einzige nachhaltige Maßnahme, die Quecke (*Agropyron repens*) zu bekämpfen. Nach Ansicht des Betriebsleiters »kommen im schlechten Acker die schlechten Unkräuter.«

Zwar führt jeder massive Eingriff wie beispielsweise die wendende Bodenbearbeitung zu einer Zerstörung von Regenwürmern und Mikroorganismen, jedoch findet eine schnelle Neubesiedlung der Krume statt. Außerdem werden durch dieses Vorgehen für das Wachstum der Folgepflanzen notwendige Nährstoffe freigesetzt. Es wird darauf geachtet, daß der Umbruch eines Feldfutterschlages auch im Sinne dosierter Stickstoffmineralisierung eher flach (10–15 cm) erfolgt; im Folgejahr wird dann 20–22 cm tief gepflügt.

Während Gemüse intensiv gefräst und gehackt wird, findet im Getreidebau lediglich ein leichter Eggenstrich zur Aussaat statt. Die Stoppelbearbeitung wird mit dem »Dyna-drive« durchgeführt. Dieses bodenangetriebene Gerät lockert und zerkleinert die Oberfläche mittels zwei in gleicher Richtung rotierender Löffelstabwalzen.

Ökonomie

Der Erfolg der Wirtschaftsweise zeigt sich in der Entwicklung des Betriebes, der aus eigener Kraft innerhalb einer Generation auf ein Vielfaches seiner Ursprungsgröße gewachsen ist. Nach der Aussiedlung wurden viele Gebäudeteile errichtet; ein zusätzlicher Wohnbereich für Arbeitskräfte ist gerade im Bau.
Der Getreidebau leistet einen Gewinnbeitrag von 20 %. Vor einigen Jahren war es noch deutlich mehr, jedoch hat der Preisverfall um 40 % in den letzten fünf Jahren auch vor diesem Betrieb nicht haltgemacht. Ebenso wie das Getreide werden Milch, Fleisch und Gemüse über seit längerem gewachsene Strukturen an Demeter-Großhändler vermarktet.

Ausblick

Aufgrund eigener Analysen und durch Gespräche mit fachkundigen Mitarbeitern kommt W. Maier zu dem Schluß, daß folgende Bereiche unbedingt näher erforscht werden sollten:

- Einfluß von Wurzelausscheidungen auf wachsende und nachfolgende Früchte
- Futterwert von (insbesondere frühblühenden) Blumen und die Zusammensetzung ihrer Aminosäuren

Standortfeste Lebensgemeinschaften – Verzicht auf Fruchtfolge (Betrieb Koch)

Betriebsspiegel

Etwa 20 Kilometer südlich von Lüneburg liegt der landwirtschaftliche Betrieb von Ulrike und Hans-Joachim Koch. Der vollarrondierte Hof von 80 ha Gesamtfläche gliedert sich wie folgt: 57 ha Ackerland, 3 ha Grünland, 20 ha Waldfläche. Neben einer kleinen Mutterkuhherde mit sechs aus Italien stammenden Tieren der Rasse »Räthisches Grauvieh« werden auch 200 Legehennen gehalten. Jährlich werden 200–250 Schweine, 50 Puten, 80 Gänse sowie ca. 2000 Enten gemästet.

Die Region ist geprägt von der Endmoränenlandschaft der Weichseleiszeit und hat ein hügeliges Relief. Kiesige Sandböden, die mit 15 bis 30 Bodenpunkten eingeschätzt sind, kennzeichnen die Produktionsgrundlage. In der Bewirtschaftung kommt erschwerend hinzu, daß auf den Flächen ein extrem hoher Steinbesatz anzutreffen ist.

Der Betrieb liegt auf einer Höhe von 50 m ü. NN. Aufgrund des maritimen Einflusses und der riesigen Waldflächen in der Region beschreibt H.-J. Koch den Standort als kühl. Im Jahresmittel wird eine Durchschnittstemperatur von 7,9 °C erreicht. Bei teilweise sehr ungünstiger Verteilung fallen jährlich etwa 600 mm Niederschlag, wobei insbesondere Frühjahrs- und Sommertrockenheit zu Ertragsausfällen führen können. Diese werden, so gut es geht, über den Einsatz der eigenen Beregnungsanlage abgemildert.

H.-J. Koch ist heute 57 Jahre alt. Nach seiner landwirtschaftlichen Ausbildung studierte er zwei Semester Agrarwissenschaften in Osnabrück und übernahm 1969 in Kooperation mit seinem Onkel die Verantwortung für dessen Hof, den er 1994 erbte. Seine seit 25 Jahren betriebene Wirtschaftsweise ist ein »ökologisch angepaßter Landbau«, dennoch lehnt er den engen Verbund mit Biobetrieben und die damit im Zusammenhang stehende Kontrolle ab und bezeichnet seinen Hof als »freien Betrieb«. Er assoziiert durch intensiven Kontakt und Produktaustausch mit weiteren freien Betrieben, die im Laufe der Zeit im norddeutschen Raum gegründet wurden.

Der Betrieb unter der Leitung von H.-J. Koch versteht sich als große Lebensgemeinschaft. Neben seiner Frau und seinen zwei Söhnen sind fünf weitere Menschen fest in den Betriebsablauf integriert. Für Arbeitsspitzen und zum Verkauf hofeigener Produkte auf den Märkten sind zusätzlich noch saisonale Arbeitskräfte beschäftigt.

Ergänzend zum intensiven Gemüse- und Kartoffelbau ist die Vermarktung das wichtigste Standbein des Betriebes. Mit einer ganzen Flotte gut ausgerüsteter Marktwagen verkauft der Betrieb auf mehreren Märkten in Hamburg und Lüneburg seine Produkte zu relativ niedrigen Preisen.

Die Organisation des Pflanzenbaus und der Tierhaltung beruht auf dem Prinzip der »standortfesten Lebensgemeinschaften«.[31] »Standortfest« bedeutet, daß alle Kulturen immer auf demselben Schlag angebaut werden, d. h. beispielsweise 26 Jahre lang Kartoffeln mit jeweils in demselben Jahr darauffolgendem Spätgemüse. Vor dem Hintergrund einer optimalen Ammoniaknutzung sind die Tiere im Stall mit Gewächshauskulturen vergesellschaftet, die auf einer offenen Decke (umrahmt von Glas) im ersten Stock des Stallgebäudes wachsen. Ebenso wird beim Gemüse auf 3240 m^2 Gewächshausfläche verfahren: Sich ergänzende Kulturen gedeihen gleichzeitig bzw. nacheinander im selben Jahr immer am gleichen Ort.

Getreideaussaat

Bedingt durch die extrem ungünstigen Standortvoraussetzungen werden als Getreide nur Winterroggen und Hafer-Erbsen-Gersten-Gemenge als Frühjahrsaussaat angebaut. Je nach Qualität des Erntegutes wird

Abbildung 7: Selbstkonstruierter »Ökomat« mit nichtwendender Tiefenlockerung und aufgesattelter Drillmaschine im Betrieb Koch.

eigene Frucht nachgebaut oder Saatgut zugekauft. Ein 144-kW-Schlepper zieht einen »Ökomaten« mit aufgesattelter, 3 m breiter Drillmaschine (siehe Abbildung 7).[32] Das Saatgut wird in einem Reihenabstand von 13 cm mit Hilfe von Säbelscharen abgelegt.

Der teils aus Zukauf von Partnerbetrieben und teils aus dem eigenen Nachbau stammende Roggen der Sorte »Danko« wird Mitte September mit einer Saatstärke von 120 kg/ha gesät.[33] Somit verbleibt der Kultur genügend Zeit, durch eine gute Vorwinterentwicklung ein tiefreichendes Wurzelsystem auszubilden und damit kräftig durch die kalte Jahreszeit zu kommen.

Anfang März wird das größtenteils selbst nachgebaute Futtergemenge mit einer Saatstärke von 180 kg/ha ausgesät. Es setzt sich zusammen aus 90 kg/ha Gerste der Sorte »Alexis«, 60 kg/ha Erbsen (*Pisum sativum*) der Sorte »Solara« und 30 kg/ha Hafer der Sorte »Flämingsnova«; bei der Zusammenstellung der Sorten wird auf gleiche Entwicklungs- und Reifezeitpunkte geachtet. Das Gemenge soll die Möglichkeit erhalten, die Feuchte zu Beginn des Frühjahres so gut es geht zu nutzen.

Begleitpflanzen

H.-J. Koch geht davon aus, daß sich Pflanzen in ihren Ansprüchen und Leistungen ergänzen. Sie korrespondieren in ihrem Zusammenspiel mit den Mikroorganismen des Bodens auf der einen Seite und mit den landwirtschaftlichen Haustieren auf der anderen Seite. So ist das Wiederkäuervieh durch Futter und Mist symbiotisch mit dem Grünland des Betriebes verbunden. Abgesehen von der Entnahme durch den Menschen findet ein stofflicher Austausch über diese engen Grenzen hinweg nicht statt.[34] Ebenso wird mit den Druschfrüchten verfahren, die – mit Ausnahme des Roggens, der verbacken wird – als Futter für die Schweine und das Geflügel dienen. Das Stroh wird komplett vom Acker abgefahren und im Stall eingestreut. Der Mist dieser Tiergattungen wird nicht mit dem Rindermist vermengt und ausschließlich auf die Herkunftsflächen zurückgeführt.
Für Hauptkulturen gibt es ergänzende Partner in räumlicher oder zeitlicher Dimension. So gehört z. B. die Blaue Lupine (*Lupinus angustifolius*) mit in den Kartoffelbestand.[35] Der Gemengeanbau spricht für

Abbildung 8: Vieljähriger Nachbau von Sommer-Gerste auf demselben Schlag im Betrieb Koch, am 16.06.1996.

sich. Nur für den Roggen sind noch keine passenden Partner gefunden worden.
Zu dieser Anbauphilosophie gehört auch der spezielle Umgang mit Wildkräutern, wobei H.-J. Koch zwischen kulturpflanzenbegleitenden und kulturpflanzenverdrängenden Arten unterscheidet. Zu den Wildkräutern, die das Getreide begleiten und im günstigsten Fall symbiotisch mit ihm verbunden sind,[36] zählen u. a.:

- Kornblume (*Centaurea cyanus*)
- Klatsch-Mohn (*Papaver rhoeas*)
- Saatwucherblume (*Chrysanthemum segetum*)
- Acker-Vergißmeinnicht (*Myosotis arvensis*)

Als verdrängende Wildkräuter gelten in diesem Betrieb Vogel-Wicke (*Vicia cracca*) und Vogelmiere (*Stellaria media*), die jedoch ausbleiben, wenn das Stroh abgefahren wird. Neben Acker-Kratzdistel (*Cirsium arvense*) und Quecke (*Agropyron repens*) zählen dazu ferner die bei nasser Bestellung auftretenden Arten Hederich (*Raphanus raphanistrum*), Kamille (*Chamomilla spp.*) und Windhalm (*Apera spica-venti*). So befördert z. B. die Distel die vergrabene organische Substanz aus dem Unterboden an die Oberfläche, da dort durch falsche Bodenbearbeitung anaerobe Stoffwechselvorgänge stattgefunden haben. Die Quecke ist ein Zeiger für verdichteten Boden und einen Mangel an Humus. Da der Sand der am dichtesten lagernde Boden ist, kann sie dort besonders massiv auftreten.
Die Kategorie der verdrängenden Wildkräuter ist aus pflanzenbaulicher Sicht unerwünscht. Dennoch sind diese Kräuter wichtig, denn sie zeigen massive Fehler in der Bewirtschaftung der Böden an. An ihnen läßt sich ablesen, wie intakt das System ist. Folglich steht auch diese Gruppe im direkten Funktionszusammenhang mit dem Bewirtschaftungssystem.
Im eigentlichen Sinne wird keine Bestandspflege betrieben, d. h., es gibt keine regulierenden und bearbeitenden Maßnahmen im Bestand. Das einzige Problem in der Pflanzenentwicklung ist die schlechte

natürliche Wasserversorgung. Durch eine gezielte Beregnung mit bis zu drei Wassergaben wird jedoch eine annähernd kontinuierliche Feuchtigkeit in den Kulturen gewährleistet. Nur dort, wo das Wasser nicht hinkommt, gibt es ab und zu Probleme mit Kartoffelkäfern.

Getreideernte

Die Körnerfruchternte erfolgt mit dem betriebseigenen Mähdrescher. Das gesamte Erntegut wird direkt nach dem Drusch über eine Exaktreinigung mit Wind, Sieben und Trieur gesäubert. Anschließend erfolgt die Trocknung auf 14 % Feuchtigkeit oder leicht darunter, denn bei entsprechend niedrigen Feuchtegehalten im Erntegut gibt es keine Probleme mit Kornkäfern im Lager.
Sowohl beim Roggen als auch beim Hafer-Erbsen-Gersten-Gemenge (HEG) können je nach Wachstumsverlauf Erträge bis zu 40 dt/ha erzielt werden. Während der Roggen im eigenen Betrieb verbacken wird, dienen dessen Kleinkorn und das HEG-Gemenge ohne jede weitere Komponente zur Verfütterung an das Mastvieh. Je nach Ertrag und Bedarf werden Produkte mit den übrigen assoziierten »freien Betrieben« ausgetauscht.
Auf den HEG-Gemengeflächen wird direkt nach der Ernte ein weiteres Gemenge ausgesät. Es setzt sich aus den Bestandteilen Sommerwicke (*Vicia sativa*), Peluschke (*Pisum sativum*)[37] und Ackerbohne (*Vicia faba*) zusammen, deren Ertrag im Herbst abgemäht, siliert und der Viehfütterung zugeführt wird. Die Fläche bleibt mit der Stoppel bis ins darauffolgende Frühjahr ohne Bearbeitungsgang liegen. Als Zwischenfrucht für den Roggen erfolgt eine Aussaat mit 20 kg/ha Gelbsenf (*Sinapis alba*). Dieser wird unmittelbar vor der nachfolgenden Roggenbestellung flach eingearbeitet.

Fruchtfolge und Nährstoffe

Eine Fruchtfolge gibt es seit 25 Jahren nicht mehr, denn »die Natur kennt auch keine Fruchtfolge«, wie H.-J. Koch sagt. Die Kulturen sind fest an einen Standort gebunden. Der Hintergrund dieser Praxis ist, daß sich im Laufe der Vegetation kulturartenspezifische Mikroorganismenpopulationen aufbauen. Diese könnten aber nur leben und »stoffwechseln«, wenn ihnen ihre spezifische Kulturpflanze »angeboten« werde, so H.-J. Koch. Langfristig stelle sich in dieser engen Symbiose ein produktives Fließgleichgewicht ein, das von einer jährlichen Fruchtfolge wieder zerschlagen würde. Nicht die Anordnung der Kulturen in der zeitlichen, sondern in der räumlichen Dimension sei sinnvoll. Hieraus leitet sich die konkrete Vorstellung der Etablierung von »standortfesten Lebensgemeinschaften« ab.

H.-J. Koch beschreibt die Kulturen und Böden der allgemeinen Landwirtschaft als geschädigt, da ihren Ansprüchen nicht Rechnung getragen werde bzw. grobe Fehler in der Bewirtschaftung unterliefen. So führe z. B. falsche Bodenbearbeitung zu einer Reduktion der Mikroorganismen. Fehlten diese, würden die Pflanzenausscheidungen nicht mehr aufgearbeitet, und »die Pflanze kommt in ihrem eigenen Kot um«. Weiterhin sei die Versorgung der Pflanze durch Moleküle nicht mehr gewährleistet, so daß »die Resistenzbildung abnimmt, die Pflanzen krank« würden und sich Wildkräuter etablierten. Diesem Prozeß wird im allgemeinen »dadurch begegnet, daß durch Fruchtfolge vor den sogenannten Schädlingen davongelaufen wird. ... Fruchtfolge als eine Voraussetzung für Bodenfruchtbarkeit anzusehen hieße, eine Symptombehandlung zu dogmatisieren«, so H.-J. Koch.

Abgesehen von der Rückführung des Stallmistes auf die Ursprungsflächen wird im Betrieb nicht gedüngt. Gut lösliche und damit schnell verfügbare Nährstoffe sind im Betriebsorganismus nicht erwünscht. »Pflanzen können über Ionen ernährt werden, sie versorgen sich üblicherweise aber über Moleküle, die ihnen von Mikroorganismen zur Verfügung gestellt werden. Die Pflanze ist in der Lage, ihre Mikroorganismen in Art und Umfang zu steuern (*Chemotaxis*)« (KOCH 1985).

Sie kann sich somit selbst ihrer Nährstoffe bedienen. Kali und Phosphor als wichtigste Mengenelemente löst die Pflanze aus dem Bodensubstrat.[40] Stickstoff nimmt sie als N_2 im Zusammenspiel mit freilebenden Pilzen direkt aus der Luft auf. Es wird auch kein Kalk gedüngt, da über die nicht stattfindende Nährstoffauswaschung auch keine basischen Wasserstoffionen (OH-) verlorengehen.
»Eine abtötende Wirkung haben Salze und Ionen chemischen und organischen Ursprungs (belüftete Gülle, die an der Oberfläche des Bodens durch Oxidation mineralisiert; Kompost, der zu schnell mineralisiert; Gründüngung ... u. a.)« (KOCH 1985). So stellt sich laut Koch nicht die Frage nach der Bereitstellung, sondern nach der Verfügbarmachung von Nährstoffen – dies sei die konsequente Weiterführung der Idee, die dem organischen Landbau zugrunde liege.
Wer dieses Wirtschaften mit Ausbeutung und Abbau gleichsetzt, den wird ein Blick in den Boden in Erstaunen versetzen. Trotz der widrigen Standortbedingungen wurde in der Vergangenheit schlagspezifisch wechselnd ein beachtlicher Humushorizont von durchschnittlich 45 cm aufgebaut, wie Spatenproben zeigen.

Bodenbearbeitung

Hier geht H.-J. Koch ganz eigene Wege, denn seiner Ansicht nach schädigt tiefes Pflügen die nachfolgenden Pflanzen. Durch das Vermischen von Zellgare (der oberen Krume) und Plasmagare (dem unteren Krumenbereich) würden die dort lebenden Mikroorganismen schwer geschädigt bzw. zerstört. Gerade diese aber sind in der Rhizosphäre lebensnotwendig, um die Exsudate zu verarbeiten und den Pflanzen Nährstoffe zur Verfügung zu stellen.[38]
Der Boden muß weiterhin gelockert werden, denn Belüftung und Entgasung der Krume ermöglichen erst intensive Lebens- und somit Umsetzungsprozesse. Aus der Erkenntnis, daß Regenwürmer nur dann kommen, wenn der Boden gelockert und organische Substanz verdaut werden muß, hat H.-J. Koch den »Ökomaten« entwickelt. Dieses Gerät mit aufgesattelter Drillmaschine lockert den Boden mit breit angelegten

Flügelscharen auf Krumentiefe (bis zu 40 cm). Eine nachfolgende Stabwalze drückt das Saatbett leicht an. Eine Rückverfestigung im klassischen Sinne gibt es nicht.
Direkt vor der Aussaat mit dem »Ökomaten« wird der oberirdische Pflanzenbewuchs mit einem Vierschar-Schälpflug auf 8–10 cm eingearbeitet. So entstehen durch eine saubere Oberfläche gute Saat- und Keimbedingungen. Absterbende Pflanzenreste setzen Giftstoffe frei. Verbliebe die organische Substanz an der Oberfläche, würde diese den Keimprozeß der Kulturpflanze durch Toxidien hemmen.[39]
Wurde bereits zur Roggen-Zwischenfrucht geschält, dann ist die Pflugführung im Boden zur Roggenhauptfruchtaussaat schwierig. Aus diesem Grunde versucht H.-J. Koch zur Zeit, die Roggenaussaat ohne Schälen zu praktizieren. Er fährt den »Ökomaten« in Kombination mit einem »Dyna-drive« im Frontanbau. Dieses bodenangetriebene Gerät lockert und zerkleinert die Oberfläche mittels zweier in gleicher Richtung rotierender Löffelstabwalzen. Inwieweit dieses Vorgehen der oben genannten Theorie widerspricht, bleibt zunächst offen.

Ökonomie

Der Standort ist extrem schwach, entsprechend schwierig sind die wirtschaftlichen Rahmenbedingungen, und der ökonomische Druck auf die Gemeinschaft war lange Zeit existenzbedrohend. Unter diesen Bedingungen wurde das beschriebene Produktionssystem entwickelt und verfeinert und verdient besondere Beachtung. So ungewöhnlich, wie dieser Betrieb scheinen mag, so ernst zu nehmen ist sein ganzheitlicher Ansatz.
Heute ist die Existenz des Hofes gesichert. Über eine hervorragend organisierte Vermarktung werden alle Produkte, vor allem Gemüse und Fleischwaren, in Großstädten direkt bei den Verbrauchern abgesetzt. Die Waren werden zu überraschend niedrigen Preise verkauft, die sich eher an das konventionelle Preisniveau als an das Biopreisniveau anlehnen. Gute Qualitäten und eine aufgrund des Austauschs mit den Partnerbetrieben umfassende Produktpalette begeistern offensichtlich

die Kundschaft. Der Getreidebau spielt eine untergeordnete Rolle und findet lediglich auf den schwächsten und steinigsten Flächen des Betriebes statt. Produktanalysen der Landwirtschaftlichen Untersuchungs- und Forschungsanstalt (LUFA) weisen absolute Pestizidfreiheit nach.

Ausblick

Wie der Betriebsleiter betont, gibt es im Zusammenhang mit der Produktionstechnik noch viele Bereiche, die näher ergründet werden müßten. Allerdings führe die Forschung an Hochschulen zu nicht umsetzbaren Ergebnissen. Viel bedeutender sei, die Betriebe selbst als Forschungsgegenstand zu betrachten. Ansonsten bedürfe es regelmäßiger und wiederkehrender pflanzensoziologischer Kartierungen, um Veränderungen und Stabilisierungstendenzen erfassen zu können. Im Hinblick auf seine eigene Arbeit äußert H.-J. Koch den Wunsch, in Zukunft betriebs- und standortangepaßte Sorten stetig nachzubauen und sie jeweils schlagbezogen zu vermehren, damit sie durch das symbiotische Zusammenspiel mit Gemengepartnern an Vitalität und Gesundheit gewinnen. Folgende Punkte sollten nach Ansicht des Betriebsleiters wissenschaftlich untersucht werden:

- Wesen von Pflanzengemeinschaften und Suche nach Arten, die sich in Mischkulturen ergänzen
- Auftreten und Funktion von kulturbegleitenden Wildkräutern
- bodenmikrobiologische Zusammenhänge und daraus resultierender Humusaufbau

»Es ist besser, ein kleines Lichtlein anzuzünden,
als sich über die Dunkelheit zu beklagen!«
Konfuzius

4. Naturwissenschaftliche Beweisführung der Phänomene

Kompetitive Wachstumsfaktoren und Pflanzenernährung

Die Betriebsleiter sehen die Gefahr von Ertragseinbußen durch konkurrierende Einflüsse mitwachsender Arten auf das Getreide. Dennoch werden verschiedene Formen von Mischkultursystemen erprobt, die bewußt gepflegt werden und sich teilweise noch in der Weiterentwicklung befinden. Bevor die weniger sichtbaren Wirkungszusammenhänge diskutiert werden, wird zunächst die Qualität der Konkurrenzbeziehungen zwischen den Wildpflanzen- und Kulturarten näher betrachtet.

Wildkräuter

Die von W. Maier praktizierte gezielte Aussaat von Wildkräutern zur »Impfung« neu hinzugepachteter Flächen steht geradezu im Gegensatz zu der sonst üblichen landwirtschaftlichen (Beratungs-)Praxis. Doch so außergewöhnlich sein Handeln auch sein mag, so lassen wissenschaftliche Untersuchungen in diesem Bereich sein Vorgehen vor dem Hintergrund eines Gesamtbetriebskonzeptes doch als sehr durchdacht erscheinen.

In einem Gefäßversuch von PETRY ET AL. (1993) wurden die Wachstums- und Verdrängungsvorgänge zwischen den Wildkräutern Hirtentäschelkraut (*Capsella bursa-pastoris*), Vogelmiere (*Stellaria media*) sowie Ackerfuchsschwanz (*Alopecurus myosuroides*) und Sommerweizen als Modell einer typischen Misch-Wildkrautpopulation im Getreide untersucht. Die Konkurrenz durch jeweils eine der Wildkrautarten hatte einen Ertragsverlust von ca. 15 % zur Folge. Lediglich die aus den untersuchten Spezies zusammengesetzte Wildkrautflora schien mit

ca. 10 % Ertragsverlust eine tendenziell geringere Konkurrenzkraft gegenüber dem Getreide auszuüben als jede Art einzeln.
Nach Aussagen von PETRY ET AL. (1993) ist in artenreichen Beständen die Wahrscheinlichkeit größer, daß schwache Wildkräuter die Konkurrenz starker Arten gegenüber den Kulturpflanzen verringern, so daß sich wie in diesem Fall der Sommerweizen besser behaupten kann. PETZOLD (1986) und SCHWÄR ET AL. (1977) (zitiert in PETRY ET AL., 1993) führen an, daß eine geringe Wildkrautpopulation sogar nützlich für die Ertragsbildung der Kulturpflanze sein kann. PETRY ET AL. (1993) nennen jedoch keine Ursache dafür.
Bei der Untersuchung der Konkurrenzbeziehungen zwischen Wintergetreide und ausgewählten, auch von W. Maier eingesäten Wildkrautarten (Kamille – *Matricaria chamomilla*, Purpurrote Taubnessel – *Lamium purpureum*, Feld-Stiefmütterchen – *Viola arvensis*, Efeu-Ehrenpreis – *Veronica hederifolia*, Acker-Vergißmeinnicht – *Myosotis arvensis*)[41] wird im Gesamtergebnis der konkurrierende Einfluß zunehmender Wildkrautdichten beschrieben, die zu einem erhöhten Ertragsverlust pro Wildkrauteinheit bei höherem Ertragsniveau führen. Jedoch stellen THOLE und HEITEFUSS (1992) heraus, daß »es ... keinesfalls so ist, daß immer in Versuchen mit den höheren Unkrautdeckungsgraden (UDG) auch die höheren Ertragsverluste zu verzeichnen waren. Vielmehr waren hohe UDG häufig auch mit hohen Kulturdeckungsgraden verbunden und stark von Jahreseinflüssen geprägt.« Die Höhe des Kornertrages hat, je nach Artenspektrum der vorhandenen Begleitflora, eine hemmende oder fördernde Wirkung auf die Konkurrenzkraft der Wildkräuter.
FLATTER (1996) untersuchte in Sekundärauswertungen von Langzeitversuchen eines Diluvial- und eines Lößstandortes Einflüsse von Niederschlag und Güte des Kulturpflanzenbestandes auf die Konkurrenzbeziehungen zwischen artenreichen Wildkrautpopulationen und Winterweizen. Bei den Bonitierungen wurde festgestellt, daß der schwächere Standort (Diluvialboden) eine höhere Wildkrautpopulation aufweist als der bessere Lößstandort. Der Diluvialstandort wies in der Variante mit 100 % Getreideanteil eine um etwa ein Drittel höhere Wildkrautdichte auf als die Fruchtfolge mit 50 % Getreideanteil.

FLATTER (1996) stellte fest, daß in guten Beständen geringere Ertragsverluste durch eine vergleichbare Wildkrautpopulation (Art und Anzahl) hervorgerufen werden als in schwachen Beständen, was die These von allen Betriebsleitern unterstützt. Die Niederschlagsmenge fördert auf dem Diluvialstandort in guten Beständen die Konkurrenzkraft des Weizens, während in schwachen Weizenbeständen das Wildkraut von den höheren Niederschlägen profitiert. Auf dem Lößstandort hat der Niederschlag während der Vegetationsruhe einen positiven Einfluß auf die Entwicklung von Wildkräutern, die auch bei niedrigeren Temperaturen wachsen (z. B. Vogelmiere – *Stellaria media*).
Über die von W. Maier angeführte Fähigkeit von Wildpflanzen, die Verfügbarkeit des Bodenwassers zu verbessern, ist in der Wissenschaft wenig bekannt. Eine Ausscheidung von Saponinen (wie sie z. B. bei der Kornrade – *Agrostemma githago* – zu beobachten ist), die die Oberflächenspannung des Wassers herabsetzen, kann von FROST (1988) nicht eindeutig nachgewiesen werden. Als eine Voraussetzung für die Mobilisierung von Totwasser nennt er einen tonigen, mikroporösen Boden, dessen Lösung eine hohe Oberflächenspannung aufweist. Ein weiterer Vorteil einer gemischten Wildkrautflora liegt in dem unterschiedlichen Vermögen von Pflanzen, schwer zugängliche Nährstoffe nutzbar zu machen. In einem Versuch von RADICS ET AL. (1992) wurde die Nährstoffaneignung und Gründüngungswirkung von 15 teilweise auch auf den Untersuchungsbetrieben vorkommenden Wildkrautarten untersucht. Der ausschließlich mit Wildkräutern »gedüngte« Weizen hatte seine beste Jugendentwicklung bei den Arten, die der Gruppe der Leguminosen (Zottel-Wicke – *Vicia villosa*, Großblütige Wicke – *Vicia grandiflora*,[42] Zwerg-Schneckenklee – *Medicago minima*, Hopfenklee – *Medicago lupulina*) angehören, da offensichtlich der Stickstoff in dieser Phase der begrenzende Wachstumsfaktor ist.
RADICS ET AL. (1992) berichten, daß einzelne Arten auf Standorten mit geringen Makronährstoffgehalten auch in der Lage seien, »für die Kulturpflanze schwer aufnehmbare Nährstoffe [wie Kali und Phosphor] in leichter aufnehmbare Formen umzuwandeln«, womit eine weitere Behauptung von W. Maier bestätigt wird. Auch wenn ein

gezielter Anbau zur Gründüngung für die breite Praxis heute noch schwierig erscheint, so kann doch eine mechanische Wildkrautbekämpfung mit einer nach Bodentyp und Feuchtegehalt ausgewählten Agrartechnik zum entsprechenden Zeitpunkt nicht nur die Anzahl der eventuell überhandnehmenden Wildkräuter reduzieren, sondern auch einen bedeutenden Teil der von den Wildkräutern fixierten Nährstoffe in den Nährstoffkreislauf zurückführen. Dies entspricht der Praxis von H.-J. Koch und W. Maier in den Hackkulturen.

Leguminosen

Neben den oben genannten stickstoffsammelnden Wildkräutern können sich auch Kulturpflanzen gegenseitig durch eine unterschiedlich stark ausgeprägte Fähigkeit zur Aneignung von Nährstoffen ergänzen, wie ein Gefäßversuch von HORST und WASCHKIES (1987) mit Sommerweizen (*Triticum aestivum L.*) und Weißer Lupine (*Lupinus albus*) in Mischkultur zeigt.

Durch Ausbildung wesentlich feinerer Wurzeln und aufgrund intensiverer Durchwurzelung des Bodens (einer hohen Wurzellängendichte) besitzt der Weizen im Vergleich zur Weißen Lupine eine bessere Voraussetzung für eine effektive Nutzung von Boden- und Düngerphosphat. Dennoch zeichnet sich die Weiße Lupine durch eine beträchtlich höhere Trockensubstanzbildung und Phosphataufnahme aus, und zwar unabhängig von der Phosphatdüngung. Die hohe Phosphateffizienz von Weißer Lupine beruht auf einer erhöhten Phosphataufnahmerate pro Einheit Wurzellänge.

Über eine Konzentrierung von Wurzelausscheidungen in einem relativ geringen Bodenvolumen kann eine pH-Absenkung durch Abgabe von Wasserstoffionen im Bereich der Haarwurzeln beobachtet werden. In der Rhizosphäre werden durch Ausscheidung von Citrat stabile Eisen-Phosphat-Citrat-Komplexe mobilisiert. Die höchste Wurzellängendichte bei Weizen tritt dort auf, wo auch Lupine den Boden am stärksten durchwurzelt, denn dort findet ein verbesserter Transport von Phosphat zu den Weizenwurzeln statt. In allen Varianten blieb sowohl die Phos-

phatdüngung als auch die Stickstoffdüngung – eine Versorgung wurde auf ausreichendem Niveau eingestellt – ohne Einfluß.
Die Trockensubstanzbildung von Weizen wird bei der Interaktion der Wurzelsysteme unabhängig von der Phosphatdüngung durch eine stärkere Bestockung nahezu verdoppelt, während die von Lupine unverändert bleibt. Der Versuch von HORST und WASCHKIES (1987) zeigt, daß die Weiße Lupine in der Lage ist, über den Eigenbedarf hinaus Phosphor zu mobilisieren und diesen in Mischkulturen anderen, weniger phosphat-effizienten Pflanzen zur Verfügung zu stellen.[43]
Feldversuche von WALL und CAMPBELL (1993) in Kanada auf einem trockenen Standort belegen, daß Saat-Platterbsen (*Lathyrus sativus*) und Weizen in Mischkultur eine höhere Flächenproduktivität aufzeigen, als wenn beide Komponenten als Reinkultur äquivalent wachsen. Weizen und Luzerne (*Medicago sativa*) in Mischkultur brachten beide bei Feldversuchen von ABDEL MAGID ET AL. (1991) in Saudi-Arabien bei zusätzlichem Stickstoffangebot beim Weizen einen größeren Massenertrag und bei beiden einen höheren Proteinertrag.
Im Gegensatz dazu säten ECHTENKAMP und MOOMAW (1989) ohne vorherige Bodenbearbeitung Winterroggen in lebenden Mulch, bestehend aus Rotschwingel (*Festuca rubra*) und Weißklee (*Trifolium repens*), und fanden eine Reduktion des Kornertrages aufgrund trokkenheitsbedingter Konkurrenzverhältnisse vor. Bei *living-mulch*-Versuchen in Aberrystwyth, Wales stellten WILLIAMS und HAYES (1991) durch die Einsaat von Sommergerste und Sommerhafer in wachsenden Weißklee fest, daß dort mit systembedingtem geringem Aufwand auch nur ein mittleres Ertragsniveau im Getreidebau erzielt werden konnte.
In einem Gefäßversuch konnte HARTL (1989) bei der Untersaat von Hopfenklee (*Medicago lupulina*) und Persischem Klee (*Trifolium resupinatum*) keinen signifikanten Einfluß auf den Ertrag von Winterweizen feststellen, jedoch eine reduzierte Trockensubstanzbildung bei sieben vorher ausgewählten Wildkräutern – dazu zählen u. a. die auf den Betrieben bekannten Kräuter Vogelmiere (*Stellaria media*), Stengelumfassende Taubnessel (*Lamium amplexiculare*) und Efeu-Ehrenpreis (*Veronica hederifolia*). Wird hingegen der Winterweizen unter

den Klee gesät, reagiert er mit Korn- und Strohertragsreduktion, während die zur Ernte noch lebenden Wildkräuter nur die Hälfte ihrer Trockensubstanzproduktion im Vergleich zum reinen Weizenbestand leisten.
In Feldversuchen mit Erdklee (*Trifolium subterraneum*) in Mais und Sojabohnen stellten ENACHE ET AL. (1992) bei stickstoffsammelnder und wildkrautunterdrückender Wirkung entweder positive oder keine Effekte auf den Fruchtertrag fest. Der sehr niedrigwüchsige Erdklee zeichnet sich dadurch aus, daß er im Herbst und darauffolgenden Frühjahr wächst und zum Sommer hin abstirbt. Im Spätsommer beginnen die herangereiften Samen im abgestorbenen Mulch zu keimen, so daß die Vorteile einer ganzjährigen Pflanzendecke genutzt werden können, ohne konkurrierende Nachteile mit der Getreidedeckfrucht in Kauf nehmen zu müssen. Aus diesem Grunde wird der Erdklee auch als Streifensaat in Ackerbohnen getestet (VIDAL, mündliche Mitteilung, 1996).

Gräser

Bei Feldversuchen des Forschungszentrums Müncheberg fand ROTH (1990) auf einem sandigen und grundwasserfernen Standort heraus, daß eine Herbstuntersaat von Knaulgras (*Dactylis glomerata*) keinen negativen Einfluß auf den Deckfruchtertrag von Winterroggen hatte. KREUZ (1991) schätzt die Vitalität, Winterhärte und geringe Konkurrenzkraft des Knaulgrases als Jungpflanze. Ferner äußert er sich positiv zur rationellen Verwertung von Stickstoff und Wasser durch vergleichsweise geringere Verdunstung pro Einheit Trockenmasseertrag. Im mehrjährigen Mittel konnte dank der Robustheit dieser Graminee ein Trockenmasseertrag von 65 dt/ha erzielt werden, so daß gegenüber einer Stoppelzwischenfrucht nicht nur mehr Biomasse gebildet werden konnte, sondern neben der Verringerung von Verfahrenskosten auch bodenökologische Parameter, wie die Förderung der Gare, verbessert wurden. KREUZ (1988) stellt bei Knaulgrasuntersaat eine Verbesserung der Strohqualität bei 7 % höherem Strohertrag fest und schätzt in einem abtragenden Getreide deren gute Humuswirkung, die in Ertrags-

steigerungen bei den Folgekulturen wie Silomais, Kartoffeln und Zuckerrüben deutlich wird.
In einer zusammenfassenden Literaturstudie über Mischkultursysteme beschreiben HOOK und GASCHO (1988) deren höhere Effizienz durch verbesserte Wasser- und Stickstoffixierung und -verwertung. Im Gegensatz dazu gehen häufig Teile dieser Wachstumsfaktoren in Reinkulturen außerhalb der Vegetationszeit durch Austrag verloren.

Steigerung der Konkurrenzkraft von Getreide

In den vier untersuchten Betrieben werden die Wildkräuter gefördert. Sie sollen sich im Bestand gut etablieren, ohne jedoch dabei mit dem Getreide zu konkurrieren. Folglich steht in den Betrieben zur Stabilisierung des Ertrages die Anwendung ackerbaulicher Maßnahmen im Vordergrund, um ein ausgewogenes Verhältnis von Getreide und Kulturbegleitpflanzen zu erreichen. Ziel ist ein harmonisches Bild, in dem viele Arten einen angemessenen Platz haben.
Die zahlreichen Möglichkeiten, mit Hilfe derer die Konkurrenzkraft des Getreides gesteigert werden kann, werden individuell von den Betrieben ausgeschöpft und sind in der folgenden Aufzählung dargestellt:

- Sortenwahl:
  Beschattungsfähigkeit (EISELE 1992), Langstrohigkeit (KREUZ und ELSNER 1989), Standfestigkeit
- Saatgut-Korngröße:
  bessere Belastbarkeit von großkörnigem Saatgut (FISCHBECK ET AL. 1982)
- Saatgutbeizung:
  (mit biologischen Wirkstoffen) antiphytopathogene Wirkung sowie Stärkung des Immunstoffwechsels (VON HALLER 1980)

- Reihenweite:
  intra- und interartliche (mit Begleitpflanzen) Interferenzwirkungen (HAKANSSON 1984; GROSSE-HOKAMP 1983[44])

- Drillrichtung:
  Belichtungsunterschiede für Getreide (SEIBERT ET AL. 1989[45]) und Begleitpflanzen
- Saattiefe:
  Triebkraftverlust und späteres Auflaufen bei zu tiefer Ablage sowie stärkere Anfälligkeit für Krankheiten und Schädlinge (BOGUSLAWSKI 1981: 198)
- Saatzeitpunkt:
  Nutzung kulturspezifischer Entwicklungsoptima (relative Bevorteilung des Getreides, MÜLLER, mündliche Mitteilung, 1996[46])
- Saatstärke:
  Anpassung an Boden- und Witterungsverhältnisse sowie an alle oben genannten Faktoren

Des weiteren kann man im biologischen Getreidebau auch durch indirekte Maßnahmen auf die Konkurrenzkraft von Kulturpflanzen einwirken. Hierzu zählen u. a. die Gestaltung der Fruchtfolge, die Düngung, verschiedene Bodenbearbeitungssysteme, die mechanische Wildkrautregulierung und – im besonderen Fall von J. Braun – das Mulchen der Bestände im Spätherbst. Die Untersuchungsbetriebe gehen mit diesen Möglichkeiten unterschiedlich um. Es scheint so zu sein, daß bei entsprechender Einpassung in die Betriebssysteme viele Anbauverfahren möglich und richtig sein können. Wichtig dabei ist, die anbautechnischen Maßnahmen sehr differenziert in den Gesamtzusammenhang einzupassen.

Unter Freilandbedingungen läßt sich nur schwer zwischen Allelopathie und kompetitiver Wechselwirkung unterscheiden (MÜLLER 1969), so daß man bei Untersuchungen zur Allelopathie zunächst auf standardisierte Laborversuche angewiesen ist. Folglich können bei Konkurrenzwirkungen auch sekundäre Pflanzeninhaltsstoffe beteiligt sein.

Bei einer kombinierten Gefäß- und Felduntersuchung der Hauptkultur Zuckerrüben (*Beta vulgaris*) und verschiedener Begleitpflanzenarten im Bestand fand KRAUME (1989) heraus, daß in Abhängigkeit von den Wachstumsfaktoren sehr verschiedene Interferenzwirkungen auftreten können. Bei der gewählten Versuchsanordnung war es häufig nicht möglich, zwischen eindeutiger Konkurrenz und Allelopathie klar zu unterscheiden. Die komplexen Wechselwirkungen im Mischanbau wurden dort an Kulturen wie Erdklee (*Trifolium subterraneum*), Tagetes (*Tagetes patula*), Spinat (*Spinacia oleracea*) und Phacelia (*Phacelia tanacetifolia*) deutlich, die die Zuckerrübe in der Jugendentwicklung durch Allelopathie anregen können, im weiteren Entwicklungsverlauf jedoch überwiegend durch ertragswirksame Konkurrenzeinflüsse hemmen.

In einem Gefäßversuch mit 25 Wildkraut- und 32 Kulturpflanzenarten wurde von UYGUR ET AL. (1990) der Einfluß des Saftes von Gartenrettich (*Raphanus sativus*) auf deren Keimung untersucht. Bei 11 Wildkraut- und 4 Kulturpflanzenarten wurde bei der untersuchten Konzentration die Keimung vollständig unterbunden. Im Laufe des weiteren Wachstums war die Triebzahl in allen Behandlungen gegenüber den unbehandelten Proben um mehr als die Hälfte reduziert. Es

bleibt zu untersuchen, ob der Ölrettich, der den gleichen botanischen Artennamen trägt, ähnliche hemmende Wirkungen zeigt.
Von J. Braun wurde der Wunsch geäußert, sich zukünftig dem Anbau von Kornrade (*Agrostemma githago*) als ergänzendem Wildkrautbestandteil zu widmen. In einem Gefäßversuch weisen SOGAARD und DOLL (1992) den positiven allelopathischen Einfluß von Kornrade auf die Keimung und das Wachstum sowie den daraus resultierenden höheren Biomasse- und Kornertrag von Weizen nach. GAJIC (zitiert in FROST 1988: 12)[47] zeigt in umfangreichen Versuchen, daß Weizen sowohl durch Agrostemmin, einen isolierten Wirkstoff aus der Kornrade, mittels technischer Ausbringung stimuliert wird als auch in Mischkultur mit Kornrade höhere Erträge liefert.
H.-J. Koch legt großen Wert auf schichtenerhaltende Bodenbearbeitung, schält aber dennoch im Gegensatz zu J. Braun die oberirdischen Pflanzenreste nach der Getreideernte flach in die Krume ein. BARNES ET AL. (1986) bestätigen die positive Wirkung dieses Vorgehens und weisen in einem Feldversuch die negativen allelopathischen Wirkungen von Roggen durch von Mikroorganismen umgewandelte Toxidien auf die Keimung von zweikeimblättrigen Pflanzenarten nach. Ferner beschreiben PUTNAM und WESTON (1986) das negative Auftreten von Pflanzenresten auf die nachfolgenden Früchte durch ausgewaschene (Auto-)Toxine. Häufig sind Mikroorganismen durch Umsetzungsprozesse mit ihren Ausscheidungsprodukten daran beteiligt, wodurch u. a. ein hemmender Einfluß auf den verfügbaren Stickstoff ausgeübt werden kann. Ebenso weist RICE (1992) auf den Einfluß von allelopathischen Effekten auf den Stickstoffkreislauf hin, jedoch müssen noch viele detaillierte Erkenntnisse gewonnen werden, um sich die Wirkungszusammenhänge auch gezielt zunutze machen zu können.
PURVIS (1990) geht davon aus, daß die Erforschung und Anwendung von allelopathischen Effekten im Sinne einer produktiven und nachhaltigen Landwirtschaft in der Zukunft sowohl im ökologischen Landbau als auch in der konventionellen Landwirtschaft durch Einsparung von Pflanzenschutzmitteln größere Beachtung finden werden. Dies bestätigen RIZVI und RIZVI (1992), die davon ausgehen, daß neue Generationen von Pflanzenschutzmitteln zur Bekämpfung von Wildkräutern

durch die Nutzung von Allelochemikalien auf der Grundlage natürlicher Extrakte gewonnen werden können. Hierbei sollen phytotoxische Substanzen isoliert und identifiziert sowie damit neue Leitstrukturen für die Entwicklung »natürlicher Herbizide« vorgestellt werden (RETH und HURLE, 1986). Da diese Entwicklung nicht mit den Anliegen der vorliegenden Arbeit zu vereinbaren ist, wurde auf die gesamtökologischen Gefahren dieses Mißbrauches in der Einleitung hingewiesen.

Pflanzengesundheit

VILICH-MELLER und WELTZIEN (1989) führten Feldversuche mit Artenmischungen von Sommergerste und Hafer durch. Dabei konnten sie in Abhängigkeit von der Bestandsentwicklung bei sortenspezifischen Unterschieden deutlich geringere Befallswerte von Echtem Mehltau (*Erysiphe graminis f. sp. hordei*; bis 59 %) bzw. Gerstenbraunrost (*Puccinia hordei*; bis 48 %) an Gerste und *Helminthosporium*-Blattflecken (bis 90 %) an Hafer gegenüber den Reinsaaten feststellen. Die phytosanitären Effekte durch die Mischkultur brachten etwa 5 % höhere Erträge, als in Reinsaaten von Hafer und Gerste erzielt werden konnten.
In einem Freilandversuch wurde von TRÄNKNER und WELTZIEN (1989) die krankheitsreduzierende Wirkung an Artenmischungen von Winterweizen und Winterroggen untersucht.[48] Es stellte sich heraus, daß der Befall von Winterroggen mit *Rhynchosporium secalis* bis zu 50 % und der Braunrost-Befall des Winterweizens mit *Puccinia recondita f. sp. tritici* in den Gemengevarianten um über die Hälfte, im Vergleich zu den Reinsaaten, reduziert werden konnten.
Der Beginn von Epidemien ist fast ausschließlich von externen Infektionsquellen abhängig, so daß das Gemisch kaum Vorteile gegenüber den Reinsaaten bieten kann. Hat sich das Anfangsinokulum jedoch etabliert, ist die weitere Krankheitsentwicklung stark von Bestandesparametern abhängig. Mit zunehmender Heterogenität eines Pflanzenbestandes, speziell bei Getreide, können der Befallsverlauf und die Befallsstärke von pilzlichen Blattkrankheiten verändert werden. VILICH-MELLER und WELTZIEN (1989) nennen die Herabsetzung der anfäl-

ligen Pflanzenmasse pro Flächeneinheit als eine der wichtigsten Ursachen. Weiterhin kommt der Effekt einer gestaffelten Bestandsmorphologie, hervorgerufen durch die unterschiedliche Pflanzenarchitektur von Gerste und Hafer, zum Tragen. Die vertikale Gliederung der Blattetagen der verschiedenen Getreidearten hat eine gleichmäßige Lichtverteilung und eine ausgezeichnete Belüftung des Bestandes zur Folge.

Eine weitere Ursache für die beobachteten Befallsreduktionen sehen die Autoren in der induzierten Resistenz. »Sie tritt dann in Erscheinung, wenn weniger virulente bzw. avirulente Pathogene eine Pflanze infizieren, wodurch diese gegenüber virulenten Pathogenen an Anfälligkeit verliert.« (VILICH-MELLER und WELTZIEN 1989). Durch das Tolerieren bzw. Kompensieren von variierenden Umweltbedingungen bis hin zu Streßsituationen der Getreidearten-Mischungen über die Grenzen von Familien hinaus kann ein Beitrag zur Ertragssicherung geleistet werden.

Bodenschutz und Bodenbelebung

In dem Forschungsprojekt »Integrierter Pflanzenschutz« auf dem Lautenbacher Hof, dem Versuchshof des Pflanzenschutzamtes von Baden-Württemberg, wurde nach 16jähriger Versuchsdauer ein integriertes Anbausystem mit herkömmlicher Bewirtschaftungsform verglichen. Die integrierte Variante war durch ein Paket von Maßnahmen gekennzeichnet, das aus nichtwendender Bodenbearbeitung, reduziertem Einsatz von Dünge- und Pflanzenschutzmitteln, dem Anbau von Zwischenfrüchten bzw. Untersaaten und ökologischen Strukturelementen bestand.

Bei schlag- und jahresspezifischen Unterschieden konnten im integrierten Anbausystem mit mehr als 29 Wildpflanzenarten im Mittel 4 Arten mehr als bei konventioneller Bewirtschaftung gefunden werden, was nach EL TITI (1996) auf die strukturellen Veränderungen im Boden zurückzuführen ist. Durch die Tolerierung der höheren Dichte und der höheren Vielfalt, die systemunabhängig miteinander korrelieren, war bei Anwendung des Schadschwellenprinzips kein höherer Aufwand für die Wildkrautbekämpfung erforderlich.

Die Einflüsse der Wildkräuter auf Mikroorganismenpopulationen im Boden zeigen sich vor allem im Rhizosphärenbereich. Wie auch J. Braun und W. Maier berichten, beeinflussen pflanzenspezifische Wurzelausscheidungen die quantitative und qualitative Zusammensetzung der Rhizosphärenmikroflora (MÜLLER 1965). Die von MALKOMES (1996) zusammengestellten Untersuchungsergebnisse weisen sowohl auf erhöhte als auch auf verringerte Mikroorganismenzahlen in diesem Bereich hin. Teilweise dienen die Wildkräuter dazu, die Ausbreitung von Mikroorganismen in sonst pflanzenfreien Bodenbereichen zu verbessern (BASHAN und LEVANONY 1987). Bei einigen Wildkräutern, z. B. bei der Quecke (*Agropyron repens*), fallen gehäufte Hemmwirkungen gegen Bakterien auf. Ebenso können die Wildkräuter auf die bakterielle Knöllchenbildung bei Leguminosen stimulierenden oder auch deutlich hemmenden (nachgewiesen bei Quecke von WESTON und PUTNAM 1985) Einfluß nehmen.

Da in Kulturen mit weitem Reihenabstand, wie sie sich in den Betrieben von J. Braun und J. Stute finden, der Eintrag an abbaubarer Pflanzenmasse durch die Begleitpflanzen im Vergleich zur sonstigen Pflanzenmasse relativ hoch sein kann, sind dort besonders Veränderungen der Bodenmikroflora zu erwarten. Für Zuckerrüben (POHL und MALKOMES 1990) und Mais (NIEMANN und MALKOMES 1996) ist in Vergesellschaftung mit Wildkräutern bereits eine erhöhte mikrobielle Aktivität nachgewiesen. Unter Winterraps ist der stimulierende Einfluß einer gezielten Wildkrautflora auf die mikrobielle Aktivität in vielen Fällen erkennbar (WEINERT 1991). Auch bei Lein und Erbsen kann ein positiver Einfluß der Begleitflora auf mikrobielle Populationen nachgewiesen werden (RINTELEN 1973).

Die in der Wildkrautmasse festgelegten Nährstoffe – speziell Stickstoff – werden beim mikrobiellen Abbau der Pflanzen wieder freigesetzt und können dann einen zusätzlichen Düngeeffekt bei Kulturpflanzen auslösen (LUEANG-A-PAPONG 1995), was eine These von W. Maier bestätigt. Dies kann dazu führen, daß selbst eine während der Jugendentwicklung der Kulturpflanzen durch Wildkrautkonkurrenz ausgelöste Wuchsverzögerung, wie H.-J. Koch sie häufig in seinen Kulturen beobachtet, durch die spätere Stickstofffreisetzung wieder ausgeglichen wird; Mindererträge werden dadurch vermieden (NIEMANN und MALKOMES 1996).

Nützlingsförderung

Die Landwirte haben teilweise Artenveränderungen wahrgenommen. Sie können jedoch keine detaillierten Angaben über Populationsentwicklungen und Ursachen machen und haben diese folglich auch nicht dokumentiert, ganz im Gegensatz zu den regelmäßig durchgeführten Bodenuntersuchungen. Die Motivation, die ihrem Handeln zugrunde liegt, sind die betrieblichen Ziele. In deren Gefolge entsteht ein zusätzlicher Nutzen für die Gesellschaft, den die Betriebsleiter zwar benennen und schätzen, jedoch als zweitrangig bewerten.
Nach den Untersuchungen von HEITZMANN und NENTWIG (1993) können die meisten Arthropoden offensichtlich in der Kulturlandschaft nur überleben, wenn eine vielgestaltige Ackerkrautflora ihre vielfältigen Bedürfnisse befriedigt. Rechnerisch hängen nach NENTWIG (1995) durchschnittlich etwa 50 bis 100 Nützlingsarten direkt oder indirekt von einer Pflanzenart ab. Ein mit Ackerkrautstreifen gestaltetes Agrarökosystem könnte etwa 1500 bis 3000 Arthropodenarten einen Lebensraum bieten.
Eine von NENTWIG (1995) nach pflanzensoziologischen Kriterien durchgeführte Analyse der in Ackerwildkrautstreifen angesäten Arten ergab, daß Medizinalpflanzen, bedingt durch spezifische Pflanzeninhaltsstoffe, tendenziell einen höheren und Kulturpflanzen einen deutlich niedrigeren Arthropodenbesatz aufweisen. Zu ersteren zählen u. a. die Schafgarbe (*Achillea millefolium*) und die Malve (*Malva neglecta*).
In einem Winterweizenschlag wurde der Einfluß angrenzender Akkerwildkrautstreifen auf Schädlinge von HAUSAMMANN (1996) untersucht und mit der »Nullparzelle« verglichen. Der Weizen in der Nähe der Wildkrautstreifen war generell nicht häufiger von den im übrigen Feld dominant auftretenden Getreideblattläusen und Getreidehähnchen

befallen. Insbesondere Raubarthropoden wie Spinnen (*Araneae*) und die Larven von Schwebfliegen (*Syrphidae*) wurden dagegen in größerer Anzahl in der Nähe der Streifen gefunden, so daß insgesamt das Räuber-Beute-Verhältnis in den Feldern mit Streifen enger und somit besser als im Feld ohne Streifen war.

Das Getreide wird erst während der Kornfüllungs- und Kornreifephase von Getreideblattläusen befallen. Da eine Prädatorenpopulation einem massenhaften Befall jedoch nur entgegenwirken kann, wenn bereits vorher Blattläuse (Aphiden) als Nahrungsangebot existieren und so die Nützlinge in den Bestand locken, müssen die Schadinsekten stets im Bestand vorhanden sein und können dort auch positiv gewertet werden. Blattläuse an Wildkräutern sind daher prinzipiell anders zu beurteilen als Blattläuse an Nutzpflanzen, nämlich als Nützlinge. Da z. T. in den Betrieben vorkommende Wildpflanzenarten, z. B. die Brennessel (*Urtica dioica*), Disteln (*Cirsium spp.*) und der Rainfarn (*Tanacetum vulgare*), eine regelmäßig hohe Dichte von indifferenten Blattläusen aufweisen, wird ihnen eine besonders wichtige Funktion im Agrarökosystem zugesprochen (NENTWIG 1994).

Für Schwebfliegen (*Syrphidae*) bilden im Frühjahr frühblühende Brassicaceen und die frühblühenden, von W. Maier als garefördernd bezeichneten und gezielt ausgesäten Ackerwildkräuter Stiefmütterchen (*Viola arvensis*), Acker-Hellerkraut (*Thlapsi arvense*) und Vogelmiere (*Stellaria media*) die Hauptnahrungsgrundlage und tragen somit zu deren Populationsaufbau bei (NENTWIG 1992). Andere Arten, u. a. der mehrfach im Anbau befindliche Gelbsenf (*Sinapis alba*) sowie die von W. Maier gewünschte Kornblume (*Centaurea cyanus*), blühen im Anschluß daran und werden von den Syrphiden gern angeflogen (WEISS und STETTMER 1991). Kornblumen und Malven (*Malva neglecta*), die bei W. Maier und J. Stute eingesät werden, sind extrem lange blühende Pflanzen, die selbst im Spätsommer noch für ein gewisses Nahrungsangebot für Blütenbesucher sorgen, sofern Ernte- und Ackerarbeiten diese nicht zerstört haben. Insbesondere ein früher Stoppelumbruch sollte aus diesem Grunde hinterfragt werden. Auch die in den Betrieben verbreiteten Arten Vogelmiere (*Stellaria media*), Hirtentäschelkraut (*Capsella bursa-pastori*) und Taubnessel (*Lamium purpu-*

reum) locken Schwebfliegen an (HEITZMANN und NENTWIG 1993).

Florfliegen (*Chrypsopidae*) sind u. a. Antagonisten von verschiedenen wirtsspezifischen Blattlausarten, die nicht das Getreide befallen. Die Chrypsopiden finden in Buchweizen (*Fagopyrum esculentum*), der von J. Stute angebaut wird, eine gute Existenzgrundlage. Ferner nimmt auch der Borretsch (*Borago officinalis*) eine Schlüsselfunktion für die Florfliegen ein (WEISS und STETTMER 1991). GROSSE WICHTRUP (1984) stellt fest, daß die Chrypsopiden in Klee-Untersaaten bei Winterweizen teilweise signifikant häufiger anzutreffen sind als in reinen Beständen.[49]

Schlupfwespen (*Ichneumonidae*) parasitieren verschiedene Schädlinge, u. a. auch Schmetterlingsarten. Als erwachsene Tiere benötigen sie Blütennahrung, sind jedoch nur begrenzt migrationsfähig. Nach NENTWIG (1994) sind daher u. a. die im Ackerbau bekannten Kamillearten (*Chamomilla spp.*), die Schafgarbe (*Achillea millefolium*) und der Fenchel (*Foeniculum vulgare*) für die Nahrungssicherung der Schlupfwespe von großer Bedeutung.

Marienkäfer (*Coccinellidae*) können nach SCHMID (1992) u. a. den Gelbsenf (*Sinapis alba*) sowie die Geruchlose Kamille (*Tripleurospermum inodorum*) und die Echte Kamille (*Matricaria chamomilla*) als Winterquartier sowie als wichtigen Lebensraum in Zwischenfrüchten und Untersaaten nutzen, obwohl diese Arten nicht von Aphiden befallen werden.

In Klee-Gras-Untersaaten von Getreide finden sich nach VIKKERMAN (1978, zitiert in NENTWIG 1994) vor allem verschiedene Käferfamilien (u. a. Laufkäfer – *Carabidae* – und Kurzflügler – *Staphylinidae*) sowie viele Familien parasitoider Hautflügler (*Hymenoptera*) und Spinnen (*Araneae*) in erhöhter Dichte. Die Dichte der Getreideblattläuse ist in der untersaatfreien Kontrolle um rund 60 % höher, was auch GROSSE WICHTRUP (1984) nach Untersuchungen von Klee-Untersaaten im Winterweizen bestätigt.[49]

Auch die in den Betrieben kultivierten Wildkräuter Luzerne (*Medicago sativa*), Weißklee (*Trifolium pratense*) und Ölrettich (*Raphanus sativus*) sind nach HEITZMANN und NENTWIG (1993) für verschiedene

Insektengruppen interessant, jedoch wirken Phacelia (*Phacelia tanacetifolia*) und Kornrade (*Agrostemma githago*), auch wenn z. T. etwas anderes behauptet wird, auf Nützlinge indifferent oder sogar abstoßend.

> *»Wer beweisen will,*
> *ist nicht gut.*
> *Die Gelehrten wissen nicht!«*
> Lao-tse

5. Betriebsvergleich und Auswertung

So verschieden die vier Untersuchungsbetriebe in ihrer Struktur sind, so zeichnen sich ihre Getreidebausysteme doch alle durch einige im folgenden dargestellte grundsätzliche Gemeinsamkeiten aus:

- Das Getreide ist die einzige Hauptkultur und dient zur primären Nutzung (Mähdrusch).
- Alle übrigen in der Mischkultur lebenden Pflanzen, bestehend aus Kulturpflanzen und Wildkräutern, ordnen sich in der Hierarchie dem Getreide unter.
- Beide genannten Kategorien von Begleitpflanzen können sowohl gezielt gesät werden (vor, mit oder nach der Getreidesaat) als auch von selber auskeimen.
- In den Betrieben werden außergewöhnliche Aussaatstärken und -termine gewählt.
- Der Bodenstrukturaufbau wird durch weitestgehend schichtenerhaltende Bodenbearbeitung gefördert.
- Die Betriebsleiter entwickeln nach ihren Bedürfnissen selbst technische Lösungen für die Bereiche, für die keine Geräte auf dem Markt erhältlich sind.

Darüber hinaus ergeben sich im Betriebsvergleich auch Gegensätze, die nicht im Widerspruch zu den Gemeinsamkeiten stehen, denn die Bodenfruchtbarkeit ist nicht an eine bestimmte Form der Tierhaltung, der Fruchtfolge, des Bodenbearbeitungssystems sowie des Drillreihenabstandes gebunden. Die Rahmenbedingungen für den Getreidebau auf den Untersuchungsbetrieben sind in Tabelle 9 dargestellt.

Betriebe	**Tierhaltung**	**Fruchtfolge**	**Bodenbearbeitung**	**Reihenabstand (cm)**
Stute	viehlos	alle Getreidearten und Klee-Gras-Gemenge[1]	flaches Pflügen, ausgiebiges Hacken	27/54
Braun	Wiederkäuer	Getreide und Klee-Gras-Gemenge	pfluglos, ohne Lokkerung und Hacken	6/20
Koch	Schweine und Geflügel	eine Art (-enmischung) auf einem Schlag	pfluglos, Tiefenlokkerung ohne Hacken	13
Maier	Wiederkäuer	Getreide, Klee-Gras-Gemenge, Hackfrüchte	flaches Pflügen, ohne Hacken	13

[1]Klee-Gras-Gemenge werden nur im Rahmen der konjunkturellen Flächenstillegung angebaut.

Tabelle 9: Rahmenbedingungen für den Getreidebau im Vergleich der Betriebe

Den beschriebenen, speziell entwickelten Anbausystemen liegen betriebswirtschaftliche Motivationen zugrunde. Basierend auf einer guten Reproduktionsleistung der Mischbestände wird auf dem viehlosen Betrieb Stute auf Brachejahre in der Fruchtfolge verzichtet, so daß sich ausschließlich Verkaufsprodukte im Anbau befinden. J. Braun erzeugt im Bestand einer Marktfrucht ein hochwertiges Viehfutter, das durch hohes Mähen des Getreides zwei bis vier Wochen nach dem Drusch genutzt wird. W. Maier verfüttert teilweise Stroh, das mit Wildkräutern angereichert ist. Nach seinen Aussagen erhält er dadurch schmackhafteres Futter besserer Qualität. H.-J. Koch konnte im Vergleich zu früheren Jahren seine Erträge auf einem höheren Niveau stabilisieren.

Alle Betriebsleiter sind mit ihren Erträgen zufrieden. Sie betonen eine höhere Ertragssicherheit im Vergleich zu ihren Erfahrungen mit Reinkulturen. Sie führen die Stabilität auf eine gleichmäßigere Versorgung der Pflanzen mit Nährstoffen und eine verbesserte Pflanzengesundheit zurück. Weiterhin sprechen zwei Betriebsleiter von Qualitätssicherung und -verbesserung: J. Stute baut Weizen mit durchschnittlich 12,7 % Rohprotein an; J. Braun ist als Vermehrer von Getreidesaatgut anerkannt und schätzt die Qualität der großen, vollen Körner.

In allen Betrieben werden kaum zugekaufte Düngemittel eingesetzt. Abgesehen vom Betrieb Stute wird in den letzten Jahren und teilweise seit Jahrzehnten nicht mehr gekalkt. W. Maier hat seine ursprünglichen Betriebsflächen 36 Jahre lang nicht mit außerbetrieblichen basischen Ionen versorgt – trotzdem steigen die pH-Werte auf Teilflächen nachweislich an.

Eine weitere Einsparung erfolgt durch den minimierten Einsatz von Bearbeitungsgängen. Alle Betriebsleiter haben selbst technische Lösungen entwickelt, um ihr Verfahren praktizieren zu können. Bei gleichzeitiger Kraftstoffminimierung findet sich im Betrieb Braun mit der Abfolge Frässaat, Abmulchen und Ernten die kostengünstigste Variante.

Die beschriebenen Verfahren besitzen gegenüber Reinkultursystemen auch agrarökologische Vorteile:

- Artenschutz: Im Betrieb Maier werden verschiedene Wildkrautarten genutzt und auf eigenen Flächen vermehrt.
- Grundwasserschutz: Im Betrieb Stute werden regelmäßige Nitratmessungen im Grundwasser durchgeführt. Der Betriebsleiter beobachtet im Winter deutlich geringere Werte unter seinen Flächen mit lebender Pflanzendecke gegenüber Nachbarschlägen mit abgefrorener Zwischenfrucht.
- Bodenschutz: Alle Betriebe bewirtschaften Flächen, die der Gefahr von Winderosion ausgesetzt sind. Sie haben diese durch frühere Saattermine und eine länger geschlossene Pflanzendecke minimieren können. Weiterhin berichten alle Betriebsleiter von einer verbesserten Bodenstruktur.
- Ressourcenschutz: In den Betrieben werden fast keine der im ökologischen Landbau zugelassenen Handelsdünger eingesetzt. Teilweise heben die Betriebsleiter energetische Einsparungen bzw. die Mehrerzeugung von Energie durch höhere Biomasseerträge hervor.
- Nützlingsförderung: J. Stute und J. Braun schildern eine Zunahme von Insekten. Für keinen der Betriebe liegen jedoch konkrete Untersuchungen über die Veränderung der Nützlingspopulationen vor. Wirtschaftlicher Schaden durch Schädlingsbefall wird nicht beobachtet.
- Landschaftsbild: Insgesamt sind die Flächen »bunter« als in früheren Jahren, als die Betriebe noch traditionell ökologisch bewirtschaftet

wurden. Auf gezielte Anfrage nehmen die Betriebsleiter die Veränderung als »ökologische Qualität« wahr.

6. Schlußbetrachtung

Die Zusammensetzung und Ausprägung einer gewünschten Akkerwildkrautzönose kann nicht durch permanente Aussaat von Wildkräutern erreicht werden, weil nicht heimische (nicht autochthone) Arten über den natürlichen Verdrängungswettbewerb wieder verschwinden. Da entsprechendes Saatgut sehr teuer und eine Selbsterzeugung wie im Falle W. Maier sehr aufwendig ist, ist die Einsaat, abgesehen von der »Beimpfung« neuer Flächen mit dort standortheimischen, aber ausgestorbenen Arten, auch unter Naturschutzaspekten nicht sinnvoll.
Begleitet von einer Reihe weiterer Maßnahmen (Wegsäume, Biotope, Hecken u. v. m.) sollte Naturschutz zukünftig auch auf der Produktionsfläche integriert stattfinden. Nur so lassen sich ökologische Forderungen mit ökonomischen Notwendigkeiten in Einklang bringen und großflächig für die Gesellschaft auch in schwierigen Zeiten tragbar umsetzen. »Landschaft« muß zum Anliegen des Landwirts werden, denn sie kann nur durch dessen Bewirtschaftung geschützt und gestaltet werden.
Die vorgestellten Betriebe unternehmen erste Schritte in diese Richtung. Bei der Frage nach der Gestaltung der Landwirtschaft sind die vorgestellten Systemansätze aufgrund der durch sie erzielten Wohlfahrtseffekte allen anderen bisher bekannten Anbausystemen vorzuziehen. Die Agrarpolitik, die in der jetzigen Form nicht mehr finanzierbar ist und gesamtökologische Bestrebungen wie die hier dokumentierten eher behindert, wird sich von pauschalen Flächenprämien verabschieden müssen. In Zukunft, so bleibt zu hoffen, werden innovative ökolo-

gische Maßnahmen von der öffentlichen Hand differenziert bewertet und gezielt bezuschußt.
SUCHANTKE (1996) schreibt: »Der Mensch fördert dadurch, daß er in einer ihr zuträglichen Weise die Natur seinen eigenen Bedürfnissen anpaßt, gleichzeitig die Eigenbedürfnisse der Natur!« Es bleibt zu hoffen, daß im Sinne sich wandelnder Forschungskonzepte im ökologischen Landbau ganzheitliche Ansätze, die Methodenentwicklung und systembezogene Fragestellungen in den Vordergrund rücken, verstärkt zur Anwendung kommen (RAUPP 1993). Die vorliegende Arbeit zeigt, wo im Schnittfeld von Agrarökologie und landwirtschaftlicher Praxis noch konkreter Forschungsbedarf besteht. Die beschriebenen Betriebe bilden eine Grundlage und bieten einen Anreiz für weitere Bemühungen um nachhaltige Bewirtschaftungsmethoden in der Landwirtschaft.

Forschungsfragen

- Welche Wildkräuter sind kulturpflanzenbegleitend und in welcher Weise unterstützen sie das Getreide?
- Ist der Anbau mehrerer Hauptkulturen, u. a. auch in Kombination von Hack- und Halmfrüchten, in einem Mischsystem möglich?
- Wie beeinflussen Wurzelausscheidungen die Mikroorganismentätigkeit und welchen Einfluß haben beide auf das Pflanzenwachstum?
- Wie kann der Humushaushalt gesteuert werden, um eine bedarfsgerechte Bereitstellung von Nährstoffen für verschiedene Pflanzenarten gewährleisten zu können?
- Welche Wechselbeziehungen treten bei Mischkulturen im Getreidebau auf und welche züchterischen Anforderungen lassen sich daraus ableiten?
- Welchen ökologischen Stellenwert hat die Kombination aus Landschaftsstrukturelementen, einem Netz aus mehrjährigen Wildkrautstreifen am Rand sowie mitten im Feld, einer hohen Heterogenität auf den Ackerflächen durch verschiedene Mischsysteme und breiten, sich ergänzenden Fruchtfolgen?

- Wie müssen politische Rahmenbedingungen gestaltet werden, bei denen das betriebliche Interesse, einen sinnvollen Beitrag zur Biodiversität durch die Anlage von Mischkulturen zu leisten, im Vordergrund steht?
- Wird durch den Mischkulturanbau von Getreide die Lebensmittelqualität verbessert?

Die Erkenntnisse aus den vorliegenden Untersuchungen machen deutlich, daß es den Betriebsleitern um einen standortangepaßten Umgang, eine Art »betriebsangepaßte Kultivierung« von Begleitpflanzen auf dem Acker, geht. Zur Sicherstellung einer nachhaltig hohen Produktivität von Standorten bedeutet dies, den Besatz an Ackerwildkräutern so zu lenken, daß im Sinne einer »Begleitpflanzenpflege« alle möglichen positiven Auswirkungen auf die Hauptkultur und den Boden ausgeschöpft werden. Die Untersuchungsbetriebe nutzen bewußt die Vielfalt auf ihren Äckern. Produktion und Erhalt der Bodenfruchtbarkeit ergänzen sich im zeitlichen Miteinander in harmonischer Weise.
Am Beispiel der Betriebe wird deutlich, daß ein erfolgreicher Anbau von mehreren Kulturpflanzen und Wildkräutern stets die Kombination mehrerer aufeinander abgestimmter Maßnahmen umfassen muß. Daher erfordert eine bewußte Integration der Ackerbegleitflora in das Anbausystem von den Betriebsleitern Beweglichkeit, Beobachtungsgabe, Fachkenntnisse in den Bereichen Biologie und Ökologie von Wildpflanzen sowie Kenntnisse über Einsatzfähigkeit und optimale Einsatzzeitpunkte der zur Verfügung stehenden Geräte. Durch ein ausgefeiltes Ackerbaumanagement sind auf den Betrieben mit angepaßter Technik kulturspezifische Anbauverfahren entstanden, die natur- und menschengerecht sind.
Die vorgestellten Betriebe zeigen Perspektiven auf, wie die Landwirte eine Artenvielfalt wirtschaftlich nutzen und dadurch fördern können. Die Beispiele eröffnen damit Perspektiven für einen verantwortungsbewußten Umgang mit der Artenvielfalt. Daraus folgt der Wunsch, daß die in den Betrieben gemachten Erfahrungen weitere Praktiker inspirieren und zur Nachahmung anregen mögen. Ferner ist die Forschung

aufgefordert, mittels exakter wissenschaftlicher Untersuchungen gesicherte Daten zu liefern, aus denen Beratungsempfehlungen abgeleitet werden können.

Repellent-Eigenschaften einiger Pflanzen im Hinblick auf diverse Schädlinge

(zitiert und verändert nach HERZOG-WITTEN 1990: 5–7)

Repellent-Pflanze	Schädling	Quelle
Amarant (*Amaranthus caudatus, A. chlorostachys, A. paniculatus*)	Nematode (*Heterodera schachtii*)	SCHLANG 1985
Basilikum (*Ocimum basilicum*)	Fliegen, Schädlinge u. Krankheiten der Tomate	HEYER 1987 KREUTER 1983
Beifuß (*Artemisia vulgaris*)	Kohlweißling	KREUTER 1983
Bohnenkraut (*Satureja hortensis*)	mexikan. Bohnenkäfer (*Aphis fabae*)	KREUTER 1983 YEPSEN 1976
Borretsch (*Borago officinalis*)	Tomaten-Hornkäfer	YEPSEN 1976 KREUTER 1983
Bocksbart (*Tragopogon pratensis*)	Möhrenfliege	YEPSEN 1976 KREUTER 1983
Brunnenkresse (*Nasturtium officinale*)	gestr. Gartenkürbiskäfer, Riesenkürbiskäfer, Kohlmotte, Blattläuse	YEPSEN 1976
Buchweizen (*Fagopyron esculentum*)	Nematoden	MÜLLER 1988
Dahlie (*Dahlia pinnata*)	Nematoden	YEPSEN 1976
Dill (*Anethum graveolens*)	Kohlweißling	KREUTER 1983
Eberraute (*Artemisia abrotanum*)	Kohlmotte, Obstbaummotte	YEPSEN 1976
Essigbaum (*Rhus typhina*)	Blattläuse	YEPSEN 1976
Färberwaid (*Isatis tinctoria*)	Drahtwurm	YEPSEN 1976
Farnkraut (*Pteridium aquilinum*)	Schnecken, Ameisen	KREUTER 1983
Flachs (*Linum usitatissimum*)	Kartoffelkäfer	YEPSEN 1976
Gartenraute (*Ruta spp.*)	japanischer Käfer	YEPSEN 1976
Geranie (*Gerania spp.*)	Rosenkäfer, jap.Käfer, Kohlmade u. -motte	YEPSEN 1976

Repellent-Pflanze	Schädling	Quelle
Kapuzinerkresse (*Tropaeolum majus*)	Blut-, Blattläuse, Wolläuse	KREUTER 1983 HEYER 1987
Koriander (*Coriandrum sativum*)	Blattläuse	YEPSEN 1976
Lavendel (*Lavendula stoechas*)	Ameisen, Läuse, Motten	KREUTER 1983
Meerettich (*Armoracia rusticana*)	Kartoffelkäfer	KREUTER 1983
Pfefferminze (*Mentha piperita*)	Ameisen, Kohlmotte, -made, Blattläuse	YEPSEN 1976
Rainfahn (*Chrysanthemum vulgare*)	Ameisen, Bohrwürmer, Kartoffelkäfer, Kürbiskäfer, Blattläuse, Gurkenkäfer, japanischer Käfer	YEPSEN 1976
Rosmarin (*Rosmarinus officinalis*)	mexikan. Bohnenkäfer; Schnecken, Kohlmade und -motte, Möhrenfliege	YEPSEN 1976
Ringelblume (*Calendula officinalis*)	Nematoden, Tomatenhornkäfer	YEPSEN 1976
Rizinus (*Ricinus communis*)	Maulwurf, Erdhörnchen	YEPSEN 1976
Salbei (*Salvia officinalis*)	Kohlmade und -motte, Möhrenfliege, Nematoden, Schnecken	YEPSEN 1976 KREUTER 1983
Sellerie (*Apium graveolens*)	Kohlmotte	YEPSEN 1976
Senf (*Sinapis alba*)	Drahtwurm	YEPSEN 1976
Tagetes (*Tagetes erecta*)	Blattläuse, Nematoden	KREUTER 1983
Tomaten (*Lycopersicon lycopersicum*)	Kohlmade, Flohkäfer	YEPSEN 1976
Thuja (*Thuja occidentalis*)	Kartoffelkäfer	YEPSEN 1976
Thymian (*Thymus vulgaris*)	Kohlweißling, Schnecken	KREUTER 1983
Wermut (*Artemisia absinthium*)	Schnecken, Möhrenfliege, Erdfliege, Säulchenrost	YEPSEN 1976
Wolfsmilch (*Euphorbia peplus*)	Maulwurf, Wühlmaus	YEPSEN 1976
Zwiebel, Porree (*Allium cepa*)	Möhrenfliege, Milben, Bohrwürmer, Blattläuse, Rosenkäfer	YEPSEN 1976

Anmerkungen

1. Getreidevermehrer J. Braun (siehe Kapitel 3) hat den in seinen Beständen wachsenden Mohn mit derselben Begründung als unerwünscht bezeichnet.
2. In den Versuchen von RÜBENSAM (1964) ist gegenüber der Nullparzelle im Folgejahr nach verschiedenen Leguminosen-Gemengen ein Mehrertrag von 15-25 % bei Kartoffeln zu verzeichnen. Die zweite Nachfrucht, bestehend aus Getreide, hat mit einer Ertragssteigerung zwischen 5-10 % reagiert.
3. 1996 hat die EU den Anteil der konjunkturellen Flächenstillegung von 15 % auf 10 % der beihilfeberechtigten Kulturen reduziert.
4. Siehe hierzu auch den Hofbericht von RAUPERT (1995).
5. Weißklee war in früheren Jahren Mischungspartner und ist aufgrund seiner langsamen Vegetationsentwicklung nicht mehr im Anbau.
6. Durch den Verkauf der gesamten Ware ist eine exakte Mengenangabe möglich.
7. Bedingt durch Begleitforschung liegen Untersuchungen aus mehreren Jahren am Fachbereich 11, Fachgebiet ökologischer Landbau, der Universität Gesamthochschule Kassel vor.
8. Die durch konsequente Bodenbeprobung ermittelten Untersuchungsergebnisse bestätigen diese Aussage.
9. Für dieses Verfahren werden für den Betrieb ungewöhnlich hohe Aussaatstärken verwendet, um gute Beschattungswirkung und eine hohe Stickstoffestlegung im Herbst zu gewährleisten.
10. Es konnte Einblick in die Buchführung des Betriebes genommen werden. Sowohl die vollständige Dokumentation der Betriebsdaten wie auch die Offenheit seitens des Betriebsleiters »sichern« die erhobenen Daten.

11. Nach Auffassung des Betriebsleiters wirkt UV-Strahlung krankheitsabtötend.
12. Um die Konkurrenzkraft des Weizens zu stärken, will J. Braun die Sorte »Zentos«, die derzeit die längste der Winterweizensorten ist, durch einen noch längeren, bereits auf Versuchsflächen der bayerischen Landesanstalt gesichteten Wechselweizen ersetzen.
13. Hierdurch soll nach Angaben von J. Braun eine gute Wurzelentwicklung (ca. einen Meter Länge) vor dem Winter gewährleistet werden.
14. Nach SCHELLER (1993: 218 ff.) gibt es im Boden drei Stickstoff-Nettomineralisierungsphasen, wobei die dritte etwa Anfang September stattfindet.
15. ROTH (1990) berichtet bei Knaulgras als Untersaat in Getreide im mehrjährigen Mittel am Standort Müncheberg von einem jährlichen Trockenmassegesamtertrag von etwa 65 dt/ha, wobei ein Drittel der Gesamtbiomasse auf die Wurzeln entfällt.
16. Nach Aussage von J. Braun ist in jeder natürlichen Wiesenvegetation wilder dünnstengeliger Rotklee enthalten. Er hat diesen selektiert und vermehrt. Mittlerweile ist ein dünnstengeliger Rotklee der BSV, Ismaring vom Bundessortenamt als Sorte »Wiro« zugelassen worden.
17. VON HALLER (1977: 20) schreibt, daß am Institut für experimentelle Medizin in Leningrad positive Effekte bei der Bekämpfung der Grippe u. a. durch die Wurzel des Wiesenknopfes erzielt werden konnten. Mit dieser Behandlung werden laut seiner Aussage die Abwehrkräfte des Körpers aktiviert.
18. VON HALLER (1977: 7) schreibt: »So hat sich z. B. ergeben, daß Hafer, wenn er in Gemeinschaft mit Lupine oder Seradella angebaut wird, 15–45 % mehr grüne Masse erzeugt. Im Fütterungsversuch hat sich zudem der höhere Nährwert solcher in einer Mischkultur wachsenden Pflanzen erwiesen«.
19. In dem Anbaujahr 1996 stellt die Luzerne eine echte Bedrohung für den Hafer dar, so daß J. Braun plant, 1997 einen Kreiselgrubber zur Einmischung des Leguminosengrases einzusetzen.

20. Die Reifenbreite des Schleppers beträgt 0,30 m.
21. Die Frage nach der Vermeidung bzw. Reduzierung von Bodenbelastung, Bodenbeanspruchung und -verdichtung durch unterschiedliche Befahrungs- und Bearbeitungssysteme ist sehr komplex und kann nach der Ansicht von OLFE und SCHÖN (1986) nicht pauschal beantwortet werden.
22. Gemäß Richtlinien dürfen Biolandbetriebe nur im Ökologischen Landbau vermehrtes Getreide, soweit dieses verfügbar ist, anbauen.
23. Die rechtsverbindliche Betriebsübergabe erfolgte 1984 an W. Maier von seinem Vater.
24. Zitat aus einem Hofbericht von PETERS (1985).
25. Distelforschung nach HEILMANN (1990).
26. In der Vegetationsperiode 95/96 mußten die Wildkrautvermehrungsflächen bedingt durch lang andauernde Niederschläge zugunsten der Silomais-Aussaat (*Zea mays*) umgebrochen werden.
27. Je nach vorhandenem Artenspektrum wird die Mischung in seinen Mengenanteilen verändert.
28. In einer Diplomarbeit hat ADAM (1993) Wildkräuter im Betrieb kartiert.
29. Die Proportionen der Flächenanteile werden durch den mitunter langjährigen Luzerne-Gemengeanbau auf den neu gepachteten Äckern im Gesamtbetrieb beeinflußt.
30. Bei einer Untersuchung in mehrjährigen Luzerneschlägen konnten SCHELLER et al. (1995) auf dem Betrieb W. Maier die Nitrataufnahme aus dem tieferen Unterboden und dessen Rückführung in den landwirtschaftlichen Betriebskreislauf nachweisen.
31. KOCH (1985) beschreibt in einem Aufsatz die detaillierten Hintergründe seines Wirtschaftens und nennt dort die »standortfesten Lebensgemeinschaften« auch »Kulturökosysteme« bzw. »Kulturbiotope«.
32. Der Ökomat ist eine von H.-J. Koch konstruierte Maschine zur nichtwendenden Bodenbearbeitung. Sein Funktionsprizip wird im weiteren Verlauf der Arbeit erläutert.

33. 1995 sind erstmalig auch Versuche mit Einzelkornsätechnik bei einer Aussaatstärke von 50 kg/ha und darunter gemacht worden.
34. Eine Verwertung von auf dem Ackerland erzeugten Futter durch die Rinder wird ebenso wie Rückführung des Wiederkäuermistes auf Ackerflächen konsequent abgelehnt.
35. Allerdings wird die Blaue Lupine (*Lupinus angustifolius*) nicht jedes Jahr als Gemengepartner zu den Kartoffeln ausgesät.
36. Für die Kartoffeln beschreibt H.-J. Koch das Franzosenkraut (*Galinsoga spp.*) als typische Symbiosepflanze.
37. Slawische Bezeichnung für Futter-Erbse (Pisum sativum), die z. T. in der Landwirtschaft gängig ist.
38. MÜLLER (1965) beschreibt die sensible Abhängigkeit der Lebensfähigkeit von Mikroorganismen in einem bestimmten Bodenmilieu, was sich bereits innerhalb weniger Zentimeter in der Vertikalen verändert.
39. Strohbürtige Phytotoxidien des Getreides sind Substanzen, die aus den Ernteresten ausgewaschen werden und keimungs- sowie wachstumshemmende Wirkungen auf die Folgekultur ausüben können.
40. Früher sind auf dem Betrieb Bodenuntersuchungen zu Mengenelementen vorgenommen worden. Seit über zehn Jahren wird darauf verzichtet, da sie nach Meinung des Betriebsleiters aufgrund ihrer unzureichenden Aussagekraft und seiner Erkenntnis über Wachstumsvorgänge nicht nötig seien.
41. H.-J. Koch beschreibt das Acker-Vergißmeinnicht als kulturbegleitendes und damit gewünschtes Wildkraut.
42. Nach Aussagen von H.-J. Koch ist die Vogel-Wicke (*Vicia cracca*), die in seinen Feldern wächst, ein kulturpflanzenverdrängendes Wildkraut.
43. Ob die Blaue Lupine, die H.-J. Koch anbaut, und die Gelbe Lupine, die bei J. Stute und W. Maier wächst, ähnliche Qualitäten besitzen, kann im Rahmen der vorliegenden Arbeit nicht geklärt werden.
44. GROSSE-HOKAMP (1983) ermittelte für Winterweizen statt wie erwartet bei der Gleichverteilung ein Standraumverhältnis von 4:1 Reihenabstand zu Pflanzenabstand in der Reihe als optimal.

45. SEIBERT et al. (1989) fanden heraus, daß in Nord-Süd Drillrichtung gegenüber der Ost-West Variante eine bessere Lichtverteilung im Bestand stattfindet, die zu Ertragsvorteilen führen kann.
46. MÜLLER teilte mündlich mit, daß in Saatzeitpunktversuchen der Windhalm (*Apera spica-venti*) bei späten Ausaatterminen einen hohen Konkurrenzvorteil durch wenig Licht, niedrige Temperaturen und hohe Feuchtigkeit gegenüber Winterweizen erreichen konnte, während er bei früher Saat kaum zum Zuge kommt.
47. GAJIC 1966, 1969, 1972, 1973, 1976.
48. Analog zu den Mischungen von Sommergerste und Hafer ist darauf zu achten, daß die Reifetermine durch geeignete Sortenwahl ähnlich liegen.
49. Bei einem Versuch auf dem Lautenbacher Hof wurden Rotklee (*Trifolium arvense*) und Erdklee (*Trifolium subterraneum*) mit einer Nullparzelle, d. h. Winterweizen ohne Untersaat verglichen.

Literatur

ABDEL MAGID, H. M., M. F. GHONHEIM, R. K. RABIE und R. E. SABRAH (1991): Productivity of Wheat and Alfalfa under Intercropping. Experimental Agriculture 27, 91–395.

ADAM, S. (1993): Ackerwildkräuter auf biologisch-dynamisch bewirtschafteten Feldern bei Weißenbronn/Mittelfranken und ihre betriebsspezifische Förderung und Regulierung. Diplomarbeit am Fachbereich Landwirtschaft, Universität Gesamthochschule Kassel, 93 Seiten.

ALVERMANN, G. (1995): Die Fruchtfolge reguliert den Beikrautbesatz«. Bio-land 4/95, 17.

BACHTHALER, G. (1968): Die Entwicklung der Unkrautflora in Abhängigkeit von veränderten Feldbaumethoden. – I. Der Einfluß einer veränderten Feldbautechnik auf den Ackerunkrautbesatz. Zeitschrift für Acker- und Pflanzenbau 127, 149–170.

BAEUMER, K. (1960): zitiert nach KNAPP, R. (1967).

BARNES, J. P.; A. R. Putnam und B. A. Burke (1986): Allelopathic activity of rye (*Secale cereale L.*). In: The science of allelopathy. Hrsg. Putnam, A. R. und C.-S. Tang. Wiley Verlag, New York, 271–286.

BASEDOW, T. (1987): Die Bedeutung von Hecken, Feldrainen und pflanzenschutzmittelfreien Ackerrandstreifen für die Tierwelt der Äcker. Gesunde Pflanzen 39 (10), 421–429.

BASHAN, Y. und H. LEVANONY (1987): Horizontal and vertical movement of *Azospirillum brasilense Cd.* in the soil and along the rhizosphere of wheat and weeds in controlled and field environments. Journal of Gen. Microbiology 133, 3473–3480.

BOAS, F. (1958): Zeigerpflanzen – Umgang mit Unkräutern in der Ackerlandschaft. Verlagsgesellschaft für Ackerbau mbH, Hannover.

BOGUSLAWSKI, E. von (1981): Ackerbau – Grundlagen der Pflanzenproduktion. DLG-Verlags GmbH, Frankfurt a. M.

BUDINA, G. (1992): Pflanzenwirkstoffe vermitteln zwischen den Arten – Phytonzide –lebenswichtig, aber kaum beachtet. Garten Organisch 1/92, 22–25.

DIEZ, T. (1981): Ökologische Bedeutung der Erosion. In: Beachtung ökologischer Grenzen bei der Landbewirtschaftung, Berichte über Landwirtschaft. Hrsg. Bundesministerium für Landwirtschaft und Forsten. Sonderheft 197. Zeitschrift für Agrarpolitik und Landwirtschaft. Paul Parey Verlag, Hamburg und Berlin.

DREIDAX, F. und A. von WISTINGHAUSEN (1985): Pflanzennachbarschaft – Kornblumen und Mohn als Getreidebegleiter (1937). Lebendige Erde 1/85, 34–39.

ECHTENKAMP, G. W. und R. S. MOOMAW (1989): No-till corn production in a living mulch system. Weed Technology – A Journal of the Weed Science Society of America 3, 2/89, Champaign. 261–266.

EGGERS, T. (1989): Trespen: Ungräser und Arten der Roten Liste. Pflanzenschutzpraxis 2, 42–45.

EGGERS, T. (1994): Gefährdete Ackerwildpflanzenarten in Deutschland. – I. Rote Listen der in der Bundesrepublik Deutschland (1. bis 4. Fassung, 1974 bis 1988) und der in der ehemaligen Deutschen Demokratischen Republik (1976) gefährdeten Pflanzen. Nachrichtenblatt des Deutschen Pflanzenschutzdienstes 46, 109–115.

EISELE, J. A. (1992): Sortenwahl bei Winterweizen im Organischen Landbau unter besonderer Berücksichtigung der morphologisch bedingten Konkurrenzkraft gegenüber Unkräutern. Dissertation an der Friedrich-Wilhelm-Universität Bonn, 139 S.

ELLENBERG, H. (1986): Vegetation Mitteleuropas mit den Alpen – in ökologischer Sicht. 4. Auflage. Eugen Ulmer Verlag, Stuttgart.

ELSEN, Th. van (1989): Ackerwildkraut-Bestände biologisch-dynamisch und konventionell bewirtschafteter Hackfruchtäcker in der Niederrheinischen Bucht. Lebendige Erde 4/89, Darmstadt. 277–282.

ELSEN, Th. van (1994): Die Fluktuation von Ackerwildkrautgesellschaften und ihre Beeinflussung durch Fruchtfolge und Bodenbearbeitungszeitpunkt. Ökologie und Umweltsicherung 9/94. Fachbereich Landwirtschaft, Universität Gesamthochschule Kassel.

EL TITI, A. (1996): Veränderungen der Unkrautzusammensetzung nach 16 Jahren integrierter Bewirtschaftung auf dem Lautenbacher Hof. Zeitschrift für Pflanzenkrankheiten und Pflanzenschutz, Sonderheft XV, Eugen Ulmer Verlag, Stuttgart. 201–209.

ENACHE, A. J., R. D. ILLNICKI und R. R. HELBERG (1992): Subterranean clover living mulch: a system approach. Proceedings of the First International Weed Control Congress, Melbourne, 160–162.

FISCHBECK, G., HEYLAND, K. U. und N. KNAUER (1982): Spezieller Pflanzenbau. Eugen Ulmer Verlag, Stuttgart.

FLATTER, A. (1996): Einflüsse von Niederschlag und Güte des Kulturpflanzenbestandes auf die Konkurrenzbeziehung zwischen Unkraut und Winterweizen. Zeitschrift für Pflanzenkrankheiten und Pflanzenschutz, Sonderheft XV, Eugen Ulmer Verlag, Stuttgart. 359–366.

FRAGSTEIN, P. von: Schriftliche Mitteilung vom 04.03.1996. Untersaatenmischung 1994 im Betrieb Stute. Unveröffentlicht.

FRANCKE, W. (1989): Chemische Ökologie/Ökologische Chemie. Nachrichten der Chemischen Technischen Laboratorien 37, (5), Weinheim. 478–483.

FROST, M. (1988): Zur ökochemischen Funktion von Saponinen – Untersuchungen am Beispiel der Kornrade (Agrostemma *githago L.*). Dissertation an der Universität Gesamthochschule Kassel, 135 S.

GEISLER, G. (1988): Pflanzenbau – Biologische Grundlagen und Technik der Pflanzenproduktion, 2. Auflage. Verlag Paul Parey, Berlin und Hamburg.

GISI, U., R. SCHENKER, R. SCHULIN, F. X. STADELMANN und H. STICHER (1990): Bodenökologie. Thieme Verlag, Stuttgart.

GLADIS, Th. (1996): Unkräuter als Genressourcen. Zeitschrift für Pflanzenkrankheiten und Pflanzenschutz, Sonderheft XV, Eugen Ulmer Verlag, Stuttgart. 39–43.

GLEISSL, W. und G. BACHTHALER (1989): Einfluß physiologischer Eigenschaften von Ackerunkräutern auf Larvenschlupf, -orientierung und -einwanderung sowie die Geschlechterdifferenzierung bei *Heterodera schachtii* Schmidt. Zeitschrift für Pflanzenkrankheiten und Pflanzenschutz 96 (2), Eugen Ulmer Verlag, Stuttgart. 187–196.

GÖTTLICHER-GÖBEL, U. (1988): Das Ackerschonstreifenprogramm in Hessen. Mitteilungen der Biologischen Bundesanstalt für Land- und Forstwirtschaft 247, 15–25.

GRESSEL, J. (1991): Why get resistance? It can be prevented or delayed. In: Herbicide Resistance in Weeds and Crops. Hrsg.: CASELEY, J. C., G. W. CUSSANS und R. K. ATKIN. Butterworth Verlag, Heinemann Ldt. Oxford, London, Boston, 1–26.

GROSSE-HOKAMP, H. (1983): Untersuchungen zur Bedeutung der Saattechnik für die Ertragsbildung und Ertragsleistung von Winter- und Sommerweizen unter Berücksichtigung von Saatstärke, Sorte und Stickstoffdüngung. Dissertation an der Friedrich-Wilhelm-Universität Bonn.

GROSSE WICHTRUP, L. (1984): Populationsdynamik von Getreideblattläusen und ihren Antagonisten in Winterweizen mit Untersaaten: Eine Untersuchung zum Integrierten Pflanzenschutz im Lautenbach-Projekt. Dissertation an der Fakultät für Biologie der Eberhard-Karls-Universität Tübingen. 113 S.

HABER, W. u. J. SALZWEDEL (1992): Umweltprobleme der Landwirtschaft – Sachbuch Ökologie. Metzlersche Verlagsbuchhandlung und Carl Ernst Poeschel Verlag GmbH, Stuttgart.

HAKANSSON, S. (1984): Row spacing, seed distribution in the row, amount of weeds – influence on production in stands of cereals. Weeds and weed control, 25th Swedish Weed Conference 1/84, 17–34.

HALLER, A. von (1980): Lebenswichtig aber unerkannt – Phytonzide schützen das Leben. 2. Auflage. Verlag Boden und Gesundheit, Langenburg.

HAMMER, K. und Th. GLADIS (1995): zitiert nach GLADIS, Th. (1996).

HANF, M. (1985): Unkraut bekämpfen – Ackerwildkraut erhalten? Eine Betrachtung zum Problem der Änderung der Ackerflora – ihre Ursachen und Folgen. Bayerisches Landwirtschaftliches Jahrbuch 62, München. 777–864.

HARTL, W. (1989): Influence of Undersown Clovers on Weeds and on the Yield of Winter Wheat in Organic Farming. Agriculture, Ecosystems and Environment 27, Amsterdam. 389–396.

HAUSAMMANN, A. (1996): The effects of weed strip-management on pests and beneficial arthropods in winter wheat fields. Zeitschrift für Pflanzenkrankheiten und Pflanzenschutz 103, (1), 70–81. Eugen Ulmer Verlag, Stuttgart.

HEILMANN, H. (1990): Woraus wächst die Distel wirklich? Lebendige Erde 5/90, Darmstadt. 327–332.

HEILMANN, H.: Schriftliche Mitteilung vom 07.05.1996. Bodenbürtige Energieflüsse als Faktor für das Pflanzenwachstum – Eine Abschätzung ihrer produktionsökologischen Rolle und Bedeutung. Unveröffentlicht.

HEITZMANN, A.; LYS, J.-A. und W. NENTWIG (1992): Nützlingsförderung am Rand – oder: Vom Sinn des Unkrautes. Landwirtschaft Schweiz 5 (1–2), 25–36.

HEITZMANN, A. und W. NENTWIG (1993): Angesäte Ackerkrautstreifen in der Agrarlandschaft: Eine Möglichkeit zur Vermehrung des Nützlingspotentials und zur Kontrolle von Schädlingspopulationen, somit der Förderung der Biodiversität in der Kulturlandschaft, bei gleichzeitig intensiver landwirtschaftlicher

Nutzung. Schweizerisches Landwirtschaftliches Forum 32, (3), 365–383.

HERRMANN, G. u. G. PLAKOLM (1991): Ökologischer Landbau – Grundwissen für die Praxis. Österreichischer Agrarverlag, Wien.

HERZOG-WITTEN, M. (1990): Über die positiven Wirkungen der Ackerbegleitflora auf Kulturpflanzen unter besonderer Berücksichtigung von *Agrostemma githago*. Studienarbeit am Fachbereich Landwirtschaft, Universität Gesamthochschule Kassel.

HESSE; G. (1996): Pflanzenvielfalt in Ackerbausystemen – Möglichkeiten und Grenzen von Nützlingsstreifeneinsaaten, Untersaaten und Mischkulturen im Gemüsebau. Diplomarbeit am Fachbereich Landwirtschaft, Universität Gesamthochschule Kassel.

HEYDEMANN, B. (1983): Aufbau von Ökosystemen im Agrarbereich und ihre langfristigen Veränderungen. In: Naturschutz in Agrarlandschaften. Hrsg.: Dokumentationsstelle der Universität Hohenheim, Institut für Landeskultur und Pflanzenökologie der Universität Hohenheim 35, Dokumentationsstelle der Universität Hohenheim, Stuttgart. 53–83.

HILBIG, W. (1987): Wandlungen der Segetalvegetation unter den Bedingungen der industriemäßigen Landwirtschaft. Archiv Naturschutz und Landschaftsforschung 27, 229–249.

HOLTZ, F. (1988): Zum Vorkommen von Blattläusen auf Wildpflanzen im Feldrand und Feldrain. Mitteilungen der Biologischen Bundesanstalt für Land- und Forstwirtschaft, Berlin, (247), 77–84.

HOLZNER, W. (1982): Concepts, categories and characteristics of weeds. In: Biology and Ecology of Weeds. Hrsg.: HOLZNER, W. und M. NUMATA. Den Haag, 3–20.

HOOK, J. E. und G. J. GASCHO (1988): Multible Cropping for Efficient Use of Water and Nitrogen. American Society of Agronomy, special publication, (51), 7–20.

HORST, W. J. und Ch. WASCHKIES (1987): Phosphatversorgung von Sommerweizen (*Triticum aestivum L.*) in Mischkultur mit Weißer Lupine (*Lupinus albus L.*). Zeitschrift für Pflanzenernährung und Bodenkunde 150, Weinheim. 1–8.

HOWARD, M. (1992): Mischkulturen für Flach- und Hügelbeete. 3. Auflage. BLV-Verlag, München, Wien.

KAHNT, G. (1995): Minimalbodenbearbeitung. Eugen Ulmer Verlag, Stuttgart.

KICKUTH, R. (1970): zitiert nach SCHLEE, D. (1986).

KIRCKHOFF, M. (1992): Mind mapping – Einführung in eine kreative Arbeitsmethode. Gabal Verlag, Bremen.

KLAPP, E. (1967): Lehrbuch des Acker- und Pflanzenbaues, 6. Auflage. Paul Parey Verlag, Berlin und Hamburg.

KLINGAUF, F. (1983): Wirkung von ätherischen Ölen auf Schadinsekten. Mitteilungen der deutschen Gesellschaft für allgemeine angewandte Entomologie 14, 123–126.

KNAPP, R. (1967): Experimentelle Soziologie – und gegenseitige Beeinflussung der Pflanzen. 2. Auflage. Eugen Ulmer Verlag, Stuttgart.

KNAPP, R. & S. FURTH-MANN (1954): zitiert nach KNAPP, R. (1967).

KNAUER, N. (1993): Ökologie und Landwirtschaft – Situation, Konflikte, Lösungen. Verlag Eugen Ulmer, Stuttgart.

KOCH, H.-J. (1985): Der Weg zum Kulturökosystem – Landwirtschaft ohne Fruchtfolge. Bioland 6/85, 7–9.

KOCH, W. und K. HURLE (1978): Grundlagen der Unkrautbekämpfung. UTB 513. Eugen Ulmer Verlag, Stuttgart.

KRAUME, S. (1989): Untersuchungen zur Interferenz zwischen Pflanzen am Beispiel der Beeinflussung der Hauptkultur Zuckerrübe durch verschiedene mitwachsende Beipflanzenarten. Dissertation an der Friedrich-Wilhelm-Universität Bonn, 185 S.

KREUTER, M.-L. (1981): Der Biogarten – Gemüse, Obst und Blumen naturgemäß angebaut. 7. Auflage. BLV Verlagsgesellschaft, München, Wien, Zürich.

KREUZ, E. (1988): Ergebnisse und Erfahrungen beim Anbau von Untersaaten. Feldwirtschaft 29, (8), Berlin. 365–367.

KREUZ, E. (1991): Untersaaten im Getreide. Feldwirtschaft 32, (6), Berlin. 285–286.

KREUZ, E. und H. ELSNER (1986): Der Einfluß komplexer Intensivierungsmaßnahmen in der Getreidefruchtfolge auf die Spätverunkrautung in Winterweizen. Nachrichtenblatt für den Pflanzenschutz in der DDR 10, 197–200.

KROKER, D. (1977): Innovatives Handeln und Motivation. Schriften des Zentrums für regionale Entwicklungsforschung der Justus-Liebig-Universität 5. SSIP, Saarbrücken.

KUGLER, H. (1970): Blütenökologie. Fischer Verlag, Stuttgart.

KÜHNER, C. (1988): Untersuchungen in Hessen über Auswirkung und Bedeutung von Ackerschonstreifen. – II: Populationsentwicklung der Getreideblattläuse und ihrer spezifischen Gegenspieler. Mitteilungen der Biologischen Bundesanstalt für Land- und Forstwirtschaft 247, 43–53.

LEATHER, G. R. (1983): Sunflowers (*Helianthus annuus*) are allelopathic to weeds. Weed Science 31, 37–42.

LEIMKÜHLER, U. (1984): Mischkulturen. Bio-land 6/84, 16–17.

LOCHOW, J. von (1957): zitiert nach KNAPP, R. (1967).

LUEANG-A-PAPONG, P. (1985): Wirkung einer Unkrautbewirtschaftung auf den Boden und den Sommergerstenertrag in Gefäßversuchen. Dissertation an der Universität Gießen. 145 S.

MAHN, E.-G. (1992): Ackerunkräuter – ihre Bedeutung im Agro-Ökosystem aus ökologischer Sicht. Zeitschrift für Pflanzenkrankheiten und Pflanzenschutz, Sonderheft XIII, 21–30.

MALKOMES, H.-P. (1994): Einfluß nichtchemischer Unkrautbekämpfungsverfahren auf Organismen im Boden – eine Bestandsaufnahme. Zeitschrift für Pflanzenkrankheiten und Pflanzenschutz, Sonderheft XIV, Eugen Ulmer Verlag, Stuttgart. 645–654.

MALKOMES, H.-P. (1996): Einfluß von Ackerunkräutern auf Bodenmikroorganismen – eine Übersicht. Zeitschrift für Pflanzenkrankheiten und Pflanzenschutz, Sonderheft XV, Eugen Ulmer Verlag, Stuttgart. 581–591.

MIKULAS, J., Gy. VARADI und E. PÖLÖS (1990): Allelopathische Erscheinungen und Untersuchungen bei einigen Unkräutern. Zeitschrift für Pflanzenkrankheiten und Pflanzenschutz, Sonderheft XII, Eugen Ulmer Verlag, Stuttgart. 265–277.

MOLISCH, H. (1937): Der Einfluß einer Pflanze auf die andere – Allelopathie. Fischer Verlag, Jena.

MÜLLER, C. H. (1969): Allelopathy as a factor in an ecological process. Vegetatio 18, 348–357.

MÜLLER, G. (1965): Bodenbiologie. VEB Fischer Verlag, Jena.

MÜLLER, K. J.: Mündliche Mitteilung vom 4.3.1996.

NENTWIG, W. (1992): Die nützlingsfördernde Wirkung von Unkräutern in angesäten Unkrautstreifen. Zeitschrift für Pflanzenkrankheiten und Pflanzenschutz, Sonderheft XIII, Eugen Ulmer Verlag, Stuttgart. 33–40.

NENTWIG, W. (1994): Wechselwirkungen zwischen Ackerwildpflanzen und der Entomofauna. Berichte der Landwirtschaft (NF) 209, (7), Schweiz. 123–135.

NENTWIG, W. (1995): Ackerkrautstreifen als Systemansatz für eine umweltfreundliche Landwirtschaft. Mitteilungen der Deutschen Gesellschaft für allgemeine angewandte Entomologie 9. Gießen. 679–684.

NIEMANN, P. und H. P. MALKOMES (1996): zitiert nach MALKOMES, H.-P. (1996).

OLFE, G. und H. SCHÖN (1986): Bodenbelastung durch Schlepper- und Maschineneinsatz in der Landwirtschaft. In: Bodenverdichtungen. Hrsg.: KTBL. Schrift 308. Landwirtschaftsverlag GmbH, Münster-Hiltrup, 35–48.

OTTE, A. (1984): Änderungen in Ackerwildkrautgesellschaften als Folge sich wandelnder Feldbaumethoden in den letzten drei Jahrzehnten. Dissertationes Botanicae 78. Verlag J. Cramer, Vaduz.

PAHLICH, E. und E. THYE (1993): Proteinmuster von Getreide-Karyopsen als Indikator für ökologischen und konventionellen Landbau. In: Forschung im Ökologischen Landbau – Beiträge zur zweiten Wissenschaftstagung im Ökologischen Landbau. Hrsg.: ZERGER, U., SÖL-Sonderausgabe 42. Stiftung Ökologie und Landbau, Bad Dürkheim. 101–110.

PETERS, D. (1985): Der Ökologie in der Landwirtschaft eine Chance. Hofbericht. Ifoam 55, 9–12.

PETERS, D. (1989): Positive Wirkung der Wildkräuter auf Nutzpflanze und Boden. In: Beikrautregulierung statt Unkrautbekämpfung – Methoden der mechanischen und thermischen Regulierung. Hrsg.: HOFFMANN, M. und B. GEIER. 2. Auflage. C. F. Müller Verlag, Karlsruhe. 99–112.

PETRY, W., H. WIRTH und W. KÜHBAUCH (1993): Modellversuch zur Beschreibung von Konkurrenzvorgängen zwischen Sommerweizen und einer aus *Capsella bursa-pastoris L.*, *Stellaria media L.* und *Alopecurus myosuroides Huds.* bestehenden Mischverunkrautung. Journal of Agronomy and Crop Science 170, 32–38. Paul Parey Scientific Publishers, Berlin und Hamburg.

PLAKOLM, G. (1989): Botanische Kenntnisse und vorbeugende Maßnahmen als Voraussetzung einer wirksamen Beikrautregulierung. In: Beikrautregulierung statt Unkrautbekämpfung – Methoden der mechanischen und thermischen Regulierung. Hrsg.: HOFFMANN, M. und B. GEIER. 2. Auflage. C. F. Müller Verlag, Karlsruhe. S. 41–50.

POHL, K. und H.-P. MALKOMES (1990): Einfluß von Bewirtschaftungsintensität und Verunkrautung auf ausgewählte mikrobielle Parameter im Boden unter Freilandbedingungen. Zeitschrift für Pflanzenkrankheiten und Pflanzenschutz, Sonderheft XII, Eugen Ulmer Verlag, Stuttgart. 379–388.

PURVIS, C. E. (1990): Allelopathy: a new direction in weed control. Plant Protection Quarterly 5, (2), 55–59.

PUTNAM, A. R. und W. B. DUKE (1978): zitiert nach SCHLEE, D. (1986).

PUTNAM, A. R. und L. A. WESTON (1986): Adverse impacts of allelopathy in agricultural systems. In: The science of allelopathy. Hrsg.: PUTNAM, A. R. und C.-S. TANG. Wiley Verlag, New York, 43–57.

RADICS, L., L. V. TOMPOSNE und K. P. PITLIKNE (1992): Integration von Unkräutern in den Nährstoffkreislauf. Zeitschrift für

Pflanzenkrankheiten und Pflanzenschutz, Sonderheft XIII, Eugen Ulmer Verlag, Stuttgart. 291–297.

RAUPERT, W. (1995): Biobauer geht unkonventionelle Wege. Hannoversche Land- und Forstwirtschaftliche Zeitung 28/95, 12–14.

RAUPP, J. (1993): Einige Gedanken und Leitlinien zur Forschung im Ökologischen Landbau. Ökologie und Landbau 87, 3/93, Stiftung Ökologie & Landbau, Bad Dürkheim. 9–12.

RETH, M. und K. HURLE (1986): zitiert nach MIKULAS, J:, VARADI, Gy. und E. PÖLÖS (1990).

RICE, E. L. (1992): Allelopathic effects on nitrogen cycling. In: Allelopathy. Hrsg.: RIZVI, S. J. H. und V. RIZVI. Chapman & Hall, London, 31–58.

RIZVI, S. J. H. und V. RIZVI (1992): Exploitation of allelochemicals in improving crop productivity. In: Allelopathy. Hrsg.: RIZVI, S. J. H. und V. RIZVI. Chapman & Hall, London, 443–472.

RINTELEN, J. (1973): Einfluß der Verunkrautung auf die Infektion von Erbsen und Lein durch bodenbürtige Fusarien. – I. Beobachtungen an einem Dauerversuch und Untersuchungen zur Erregerpopulation. Zeitschrift für Pflanzenkrankheiten und Pflanzenschutz 80, 265–281. Eugen Ulmer Verlag, Stuttgart.

ROTH, R. (1990): Untersaaten auf grundwasserfernem Standort – Ergebnisse 5jähriger Untersuchungen. Feldwirtschaft 31, (8), Berlin. 361–363.

RÜBENSAM, E. und K. RAUHE (1964): zitiert in: SATTLER, F. und E. von Wistinghausen (1985).

RUPPERT, V. (1988): Untersuchungen zur Attraktivität ausgewählter Pflanzenarten für blütenbesuchende Nutzinsekten. Diplomarbeit am Zoologischen Institut, TH Darmstadt.

SATTLER, F. und E. von WISTINGHAUSEN (1985): Der landwirtschaftliche Betrieb – Biologisch-Dynamisch. Eugen Ulmer Verlag, Stuttgart.

SCHELLER, E. (1991): Wissenschaftliche Grundlagen zum Verständnis der Düngungspraxis im Ökologischen Landbau – Aktive Nährstoffmobilisierung und ihre Rahmenbedingungen. Zeitlofs. Unveröffentlicht.

SCHELLER, E., U. KOI und Chr. MORITZ (1995): Der Einfluß mehrjähriger Luzerne auf die Nitrat-N-Gehalte der ungesättigten Zone im tieferen Unterboden. Beiträge zur 3. Wissenschaftstagung zum Ökologischen Landbau in Kiel, S. 189–192, Wissenschaftlicher Fachverlag, Gießen.

SCHELLER, U. (1988): Werden und Wandel der Ackerbegleitflora unter dem Einfluß des Menschen. Diplomarbeit am Fachbereich Landwirtschaft, Universität Gesamthochschule Kassel.

SCHLEE, D. (1986): Ökologische Biochemie. Gustav Fischer Verlag, Jena.

SCHMID, A. (1992): Untersuchungen zur Attraktivität von Akkerwildkräutern aphidophage Marienkäfer (*Coleoptera, Coccinellidae*). Agrarökologie 5, 1–122.

SEIBERT, L., A. FLECK und H. HÄNSEL (1989): Ertragsbeeinflussung durch Nachbarparzellen von unterschiedlicher Wuchshöhe – untersucht bei Winterweizen. Arbeitstagung der Arbeitsgemeinschaft der Saatzuchtleiter innerhalb der Vereinigung österreichischer Pflanzenzüchter vom 21.–23.11.1989, Gumpenstein, S.189–202.

SIEBENEICHER, G. E. (Hrsg.) (1993): Handbuch für den biologischen Landbau. Naturbuch-Verlag, Augsburg.

SMITH,W. H. (1969): zitiert nach SCHLEE, D. (1986).

SOGAARD, B. und H. DOLL (1992): A positive allelopathic effect of corn cockle, *Agrostemma githago*, on wheat, *Triticum aestivum*. Canadian Journal of Botany 70, 1916–1918.

STEINER, K. G. (1982): Die Bedeutung von Mischkulturen für die Low-Input-Strategie – I. Biologischer Pflanzenschutz durch Mischkulturanbau. In: Entwicklung und ländlicher Raum 3/82, 13–14.

STEINER, R. (1985): zitiert nach DREIDAX, F. und A. von WISTINGHAUSEN (1985).

STRYCKERS, J. M. T. (1979): Veränderungen in der (Un-)Krautflora durch Herbizidanwendung. Proceedings EWRS Symposium: The Influence of Different Factors on the Development and Control of Weeds, Mainz, 25–38.

SUCHANTKE, A. (1996): Die Synthese von Natur und Kultur als zentrale Aufgabe der Landwirtschaft. Lebendige Erde 3/96, Darmstadt. 191–198.

SUKOPP, H. (1980): Arten- und Biotopschutz in Agrarlandschaften. In: Ökologische Probleme in Agrarlandschaften. Hrsg.: Institut für Landeskultur und Pflanzenökologie der Universität Hohenheim. Sonderreihe Umwelttagung 30. Dokumentationsstelle der Universität Hohenheim.

THOLE, R. und R. HEITEFUSS (1992): Quantifizierung der Konkurrenzbeziehungen zwischen Wintergetreide und ausgewählten Unkrautarten. Zeitschrift für Pflanzenkrankheiten und Pflanzenschutz, Sonderheft XIII, Eugen Ulmer Verlag, Stuttgart. 139–148.

TRÄNKNER, A. und H. C. WELTZIEN (1989): Untersuchungen von Artenmischungen an Winterweizen und Winterroggen. – I. Die Entwicklung von Blattkrankheiten in Freilandversuchen ohne Pflanzenschutzbehandlung. Zeitschrift für Pflanzenkrankheiten und Pflanzenschutz 96 (1), Verlag Eugen Ulmer, Stuttgart. 11–18.

UYGUR, F. N., F. KÖSELI und A. CINAR (1990): Die allelopathische Wirkung von *Raphanus sativus L.* Zeitschrift für Pflanzenkrankheiten und Pflanzenschutz, Sonderheft XII, Eugen Ulmer Verlag, Stuttgart. 259–264.

VANDERMEER, J. (1989): The ecology of intercropping. Cambridge University Press, 237 S.

VIDAL, S.: mündliche Mitteilung vom 29.02.1996, Mitarbeiter des Institutes für Pflanzenkrankheiten, TU Hannover.

VILICH-MELLER, V. und H. C. WELTZIEN (1989): Artenmischungen von Sommergerste und Hafer: Einfluß auf den Blattbefall pilzlicher Schaderreger und auf die Ertragsfähigkeit. Zeitschrift für Pflanzenkrankheiten und Pflanzenschutz 96 (1), Eugen Ulmer Verlag, Stuttgart. 1–10.

WALL, D. A. und C. G. CAMPBELL (1993): Competitiveness of Lathyrus grown in monoculture and intercropping systems with cereals. Journal of production agriculture 6, (3), 399–403.

WALLBERG-JAKOBS, B. (1991): Integration von Naturschutz in die landwirtschaftliche Praxis. Schriftenreihe: Studien zur Agrarökologie 3. Verlag Dr. Kovac, Hamburg.

WARWICK, S. I., und L. BLACK (1981): The relative competitiveness of atrazine susceptible and resistant populations of *Chenopodium album* and *Chenopodium strictum*. Canadian Journal of Botany 59. 689–693.

WEBER, H. (1979): Zur Quantifizierung der Belastungsfaktoren für die natürliche Umwelt, dargestellt am Beispiel der Florenverarmung im Landkreis Osnabrück. Zeitschrift Natur und Landschaft 54, 298–302.

WEINERT, J. (1991): Untersuchungen zum Einfluß von Herbizidanwendungen und Verunkrautungen auf die Bodenmikroflora im Winterrapsanbau. Dissertation an der Universität Göttingen, 151 S.

WEISS, E, und Ch. STETTMER (1991): Unkräuter in der Agrarlandschaft locken blütenbesuchende Nutzinsekten an. Agrarökologie 1. Verlag Paul Haupt, Bern und Stuttgart.

WESTON, L. A. und A. R. PUTNAM (1985): Inhibition of growth, nodulation, and nitrogen fixation of legumes by quackgrass. Crop science 25, 561–565.

WILLIAMS, E. D. und M. J. HAYES (1991): Growing spring cereals in a white clover (*Trifolium repens*) crop. Journal of Agricultural Science 117, Cambridge. 23–37.

WINTER, A. G. und F. SCHÖNBECK (1953): zitiert nach KNAPP, R. (1967).

WINTER, A. G. und E. SIEVERS (1952): zitiert nach KNAPP, R. (1967).

ZAKHARENKO, W. und A. ZAKHARENKO (1996): Struktur und Dynamik der Ackerunkrautzönosen – Ergebnisse 20jähriger Untersuchungen. Zeitschrift für Pflanzenkrankheiten und Pflanzenschutz, Sonderheft XV, 65–69.

ZWERGER, P. (1995): Unkraut oder Wildkraut – Ein Diskussionsbeitrag zum Begriff und Wesen des Unkrauts. Nachrichtenblatt des Deutschen Pflanzenschutzdienstes 47, (12), Stuttgart. 321–325.

A

B

C

D

E

F

G

H

I

K

L

M

N

O

P

Q

R

S

T

U

V

W

Z

Organisationen
im
ökologischen Landbau

Deutschland
Liechtenstein
Luxemburg
Österreich
Schweiz

(Stand: September 99)

International

IFOAM (International Federation of Organic Agriculture Movements = Internationale Vereinigung Biologischer Landbaubewegungen)
Hofgut Imsbach, D-66636 Tholey-Theley
Tel. 0049-6853-5190, Fax 0049-6853-30110
E-Mail: ifoam@t-online.de
Internet: http://www.ecoweb.dk/ifoam/

IFOAM Deutschland - Luxemburg - Österreich - Schweiz, c/o Stiftung Ökologie & Landbau
Weinstraße Süd 51, D-67098 Bad Dürkheim
Tel. 0049-6322-66002, Fax 0049-6322-989701
E-Mail: willer@soel.de
Internet: http://www.soel.de/institut/ifoamreg.htm

Deutschland

Agrarbündnis
Zur nassen Ecke 2, D 49565 Bramsche
Tel. 0049-5461-71386, Fax 0049-5461-71387
ArbeitsGemeinschaft Ökologischer Landbau (AGÖL)
Brandschneise 1, D-64295 Darmstadt
Tel. 0049-6155-2081, Fax 0049-6155-2083
E-Mail: AGOEL@t-online.de
Internet: http://www.agoel.de

Mitglieder der AGÖL:

- **Arbeitsgemeinschaft für naturnahen Obst-, Gemüse- und Feldfruchtanbau (ANOG) e.V.**
  Pützchens Chaussee 60, D-53227 Bonn
  Tel. 0049-228-461262, Fax 0049-228-461558
  E-Mail: anogev@t-online.de
  Internet: http://www.bonnet.de/ANOG/
- **Biopark e.V.**
  Karl-Liebknecht-Str. 26, D 19395 Karow
  Tel 0049-38738-70309, Fax 0049-38738-70024
  E-Mail: biopark@compuserve.com
  Internet: http://www.biopark.de/

- **Biokreis e.V.**
  Heiliggeist-Ecke Hennengasse, D-94032 Passau
  Tel. 0049-851-32333, Fax 0049-851-32332
  E-Mail: biokreis@t-online.de
- **Bioland Bundesverband**
  Kaiserstr. 18, D-55118 Mainz
  Tel. 0049-6131-23979-0, Fax 0049-6131-2397-97
  E-Mail: info@bioland.de
  Internet: http://www.bioland.de/
- **Ecovin**
  Bundesverband Ökologischer Weinbau e.V. (BÖW)
  Zuckerberg 19, D-55276 Oppenheim
  Tel. 0049-6133-1640, Fax 0049-6133-1609
  E-Mail: ecovin@t-online.de
  Internet: http://www.ecovin.de/
- **Demeter Bund e.V.**
  Brandschneise 2, D-64295 Darmstadt
  Tel. 0049-6155-84690, Fax 0049-6155-846911
  E-Mail: demeterbd@aol.com
  Internet: http://www.demeter.de/
- **Gäa - Vereinigung Ökologischer Landbau**
  Am Beutlerpark 2, D-01217 Dresden
  Tel. 0049-351-4012389 und 4031918,
  Fax 0049-351-4012389
- **Naturland - Verband für naturgemäßen Landbau**
  Kleinhaderner Weg 1, D-82166 Gräfelfing
  Tel. 0049-89-8545071, Fax 0049-89-855974
  E-Mail: Naturland@Naturland.de
  Internet: http://www.naturland.de/
- **Ökosiegel e.V.**
  Barnser Ring 1, D-29581 Gerdau
  Tel. und Fax 0049-5808-1834

Arbeitsgemeinschaft Lebensmittel ohne Gentechnik e. V. (ALOG)
Postfach 1364, D-50364 Erfstadt
E-Mail: infoXgen@t-online.de
Internet: http://www.infoXgen.com

Beratung Artgerechte Tierhaltung e.V. (BAT)
Postfach 1131, D-37201 Witzenhausen
Tel. 0049-5542-72558, Fax 0049-5542-72560

Bundesverband Naturkost Naturwaren (BNN)
Robert-Bosch-Str. 6, D-50354 Hürth-Efferen
Tel. 0049-2233-9633811, Fax 0049-2233-9633810
E-Mail: BNN-PR.Odia@t-online.de
Internet: http://www.naturkost.de/bnn/

Gesellschaft für Boden, Technik und Qualität (BTQ) -
Bundesverband für Ökologie in Land- und Gartenbau
SÖL-Hof für Bildung & Forschung, Gut Hohenberg, Krämerstr., D-76855 Queichhambach, Tel:0049-6346-928555, Fax 0049-6346-928556, E-Mail: hampl@soel.de

Gesellschaft für ökologische Tierhaltung (GÖT)
Untergasse 6-8, D-34628 Willinghausen
Tel. 0049-6697-919042, Fax 0049-6697-919041

uform, Vereinigung Deutscher Reformhäuser
Waldstraße 6, D-61440 Oberursel
Tel. 0049-6172-30030, Fax 0049-6172-303967
E-Mail: nf@reformhaus.de

Stiftung Ökologie & Landbau (SÖL)
Weinstraße Süd 51, D-67098 Bad Dürkheim
Tel. 0049-6322-8666, Fax 0049-6322-989701
E-Mail: info@soel.de
Internet: http://www.soel.de/

Liechtenstein

Klaus Büchel Anstalt
Agrar- und Umweltberatung
Postfach 323 / Obergass 16, FL-9494 Schaan
Tel. 0041-75-2329614, Fax 0041-75-2329631
E-Mail: buechel@lie-net.li

Luxemburg

Verenigung fir Biologesche Landbau Letzeburg
Kräizhaff, rue de Bettembourg
LUX-1899 Kockelscheuer
Tel. 00352-290404, Fax 00352-290504

Veräin fir biologesch-dynamesch Landwirtschaft
Letzeburg asbl
13, Rue de la Gare, LUX-5353 Oetrange

Österreich

Arbeitsgemeinschaft zur Förderung des biologischen Landbaus (ARGE)
Wickenburggasse 14/9, A-1080 Wien
Tel. 0043-1-4037050, Fax 1-4027800
E-Mail: arge.biolandbau@ris.at
Internet: http://www.bioclub.at/

Mitglieder der ARGE:

- **BAF - Verein der biologisch wirtschaftenden**
  Ackerbaubetriebe
  A-2124 Gut Prerau
  Tel. 0043-2523-8412
- **Biolandwirtschaft Ennstal**
  A-8950 Stainach 160
  Tel. 0043-3682-24521 - 306, Fax 0043-3682-24723
- **Freiland - Verband für ökologisch-tiergerechte Nutztierhaltung und gesunde Ernährung**
  Wickenburggasse 14, A-1080 Wien
  Tel. 0043-1-4088809, Fax 0043-1-4037800
  E-Mail: freiland@ins.at
- **Ernte - Verband organisch-biologisch wirtschaftender Bauern Österreichs**
  Ernte für das Leben
  Europaplatz 4, A 4020 Linz
  Tel. 0043-732-654884, Fax 0043-732-654884-40
  E-Mail: ernte@ris.at
- **Förderungsgemeinschaft für gesundes Bauerntum ORBI**
  Nöbauerstraße 22, A-4060 Leonding
  Tel. 0043-732-675363
- **Österreichischer Demeterbund, Vereinigung für biol.-dyn. Nahrungsmittelqualität**
  Hietzinger Kai 127/2/31, A-1130 Wien
  Tel. 0043-1-8794701, Fax 0043-1-8794722

Österreichische Interessengemeinschaft für biologische Landwirtschaft (ÖIG)

Schlag 4, A-2871 Zöbern, Tel. 0043-1-461457,

Fax 0043-1-4803597

Mitglieder der ÖIG:

- **Dinatur - Verein für fortschrittlich kontrollierte biologische**
  Landwirtschaft
  Lechen 23, A-8232 Grafendorf
- **Erde und Saat**
  Eckersberg 4, A-8232 Grafendorf
- **Konsumenten-Produzenten-Arbeitsgemeinschaft (KOPRA)**
  Hirschgraben 15, A-6800 Feldkirch
  Tel. 0043-5522-79687
- **Verein organisch-biologischer Landbau Weinviertel**
  Peigarten 52, A-2053 Peigarten
  Tel. 0043-2944-8263, Fax 0043-2944-8402

ARGE Gentechnik-frei

Geusaugasse 9, A-1030 Wien, Tel. 0043-732-65488426, Fax 0043-732-65488440, E-Mail: f-faber@stratcom.at

Ludwig-Boltzmann-Institut für biologischen Landbau
Rinnböckstraße 15, A-1110 Wien
Tel. 0043-1-7951497940, Fax 0043-1-795147393

Ökowirt-Informationsservice für Bauern und Konsumenten
Feyregg 39, A-4552 Wartberg
Tel. 0043-7587-7177-0, Fax 0043-7587-71779

Schweiz

BioSuisse
Missionsstr. 60, CH-4051 Basel
Tel. 0041-61-3859623, Fax 0041-61-3859611
E-Mail: scheurer@bio-suisse.ch
Internet: http://www.bioswiss.ch/

BioSuisse hat zahlreiche Mitgliedsorganisationen, die überregional und regional arbeiten.

Bioterra - Schweizerische Gesellschaft für biologischen Landbau
Dubstraße 33, CH-8003 Zürich
Tel. 0041-1-4635514, Fax 0041-1-4634849
E-Mail: bioterra@swissonline.ch
Internet: http://www.bioterra.ch/

Forschungsinstitut für biologischen Landbau (FiBL)
Ackerstraße / Postfach, CH-5070 Frick
Tel. 0041-62-8657272, Fax 0041-62-8657273
E-Mail: admin@fibl.ch
Internet: http://www.fibl.ch

Literatur

Stiftung Ökologie & Landbau:
Öko-Agrar-Adressen. SÖL-Sonderausgabe Nr. 6,
Diskettenversion dbase 30,-DM.

Die Verbraucherinitiative/Stiftung Ökologie & Landbau:
Einkaufen direkt beim Bio-Bauern.
Öko-Ratgeber (vormals SÖL-Sonderausgabe Nr. 26) 7.Auflage, 1997, 24,00 DM. Stiftung Ökologie & Landbau, Postfach 1516, D-67098 Bad Dürkheim oder durch den Buchhandel

Annette Metzenthin/Matthias Baerens:
Urlaub auf Biohöfen in Deutschland.
(vormals SÖL-Sonderausgabe Nr. 40)
Ausgabe 1997/98, 18,- DM
Bezug: ECEAT Deutschland, c/o GRÜNE LIGA, Mecklenburg-Vorpommern e.V., Postfach 010243, D-19002 Schwerin
ECEAT-Reiseführer gibt es auch für 20 weitere Länder

Stiftung Ökologie & Landbau:
Info-Faltblatt: Regionale Direktvermarkterlisten